AK Religionslehrer_innen im ITP

Künstliche Intelligenz oder kritische Vernunft

Wie Denken und Lernen durch die Digitalisierung grundlegend verändert werden

AK Religionslehrer_innen im ITP

Künstliche Intelligenz oder kritische Vernunft

Wie Denken und Lernen durch die Digitalisierung grundlegend verändert werden

Edition ITP-Kompass, Bd. 31
Münster 2020

Bibliografische Information der Deutschen Nationalbibliothek:
Die Deutsche Nationalbibliothek verzeichnet diese Publikation
in der Deutschen Nationalbibliographie; detaillierte bibliographi-
sche Daten sind im Internet über http://dnb.dnb.de abrufbar.

Künstliche Intelligenz oder kritische Vernunft
Wie Denken und Lernen durch die Digitalisierung
grundlegend verändert werden

AK Religionslehrer_innen im ITP
Münster 2020
Edition ITP-Kompass, Bd. 31

© Edition ITP-Kompass
Institut für Theologie und Politik
Friedrich-Ebert-Str. 7, 48153 Münster
buecher@itpol.de | www.itpol.de
Satz und Layout: David Hellgermann
Umschlaggestaltung: David Hellgermann
Druck: Books on Demand GmbH, Norderstedt
ISBN: 978-3-9819845-4-5
E-Book: 978-3-9819845-7-6

Coverfoto: Von Mdf - Taken by Mdf, CC BY-SA 3.0,
https://commons.wikimedia.org/w/index.php?curid=261200

Inhaltsverzeichnis

„Die grundlegende bildungstheoretische Antinomie besteht darin, daß das umfassende Konzept von Bildung darauf reduziert
wird, für eine Gesellschaft funktionstüchtig zu machen, die
hatte umgestaltet werden sollen.“

Helmut Peukert, 1984

1. Einleitung

1.1 Religionslehrer_innen und Digitalisierung

Der Arbeitskreis Religionslehrer_innen im Institut für Theologie und Politik legt mit diesem kleinen Buch seinen Leser_innen eine kritische Einführung in das Thema „Digitalisierung" vor, ausgehend von unseren Erfahrungen in Schule, ganz konkret im Unterricht, aber auch mit bildungspolitischen Interventionen durch Erlasse und Direktiven aller Art. Auch wenn uns anderes vorgegaukelt werden soll: Der sogenannte „DigitalPakt" steht dabei stellvertretend für eine Politik der Banalisierung von Bildung bei gleichzeitiger raffinierter Implementierung eben nicht herrschaftsneutraler Erziehungs- und Subjektivierungsprozesse unserer Schüler_innen. Daher ist die Lektüre sicher nicht nur für Lehrer_innen interessant, sondern für alle, die sich eine gewisse Skepsis und Kritikfähigkeit gegenüber dem „Digitalisierungswahn" bewahrt haben.

Aber worum geht es eigentlich?

Wir wollen Digitalisierungsprozesse nicht per se abwerten und konservativen Kulturpessimisten das Wort reden. Vielmehr geht es uns darum, im Zusammenhang historischer, sozialer, politischer, kultureller und nicht zuletzt ökonomischer Entwicklungen der Frage nachzugehen, warum gerade jetzt, in dieser Weise und von welchen Akteuren Infrastrukturmaßnahmen zur Durchsetzung digitaler Wirksamkeit in dieser gesellschaftlichen Breite und enormen Massivität vorangetrieben werden. Daher fragen wir nach den dahinterliegenden Interessen, die selten im öffentlichen Diskurs zur Sprache kommen.

Schule bleibt davon nicht unberührt, denn die Digitalisierung in ihrer gegenwärtigen Form fordert Subjekte, die in der Lage sind, unhinterfragt die notwendigen digitalen Kulturtechniken anzuwenden und in diesem Sinne die kapitalistische Produktionsweise zu reproduzieren.

Im Widerspruch dazu gehen wir von der Pädagogik Paulo Freires aus, die ihre Normen und Ziele zur Emanzipation der Subjekte offenlegt. Eine kritische Untersuchung der Bildungspolitik der letzten Jahre zeigt, dass Herrschaftsinteressen verschleiert und ökonomische und politische Interessen nicht an die Oberfläche gesellschaftlicher Diskussion kommen. Für die Lehrer_innenschaft bleibt dies meist unsichtbar.

Wir fühlen uns außerdem als Religionslehrer_innen unseren Schüler_innen insofern verpflichtet, als wir ihnen eine Perspektive von befreiendem Denken, Fühlen und Wollen, die Perspektive eines wirklichen Subjektseins aufzeigen wollen. Dafür bedarf es eines Selbstbewusstseins und kritischen Denkens, das stets in der Lage ist, über alles, was uns kontrollieren und beherrschen will, hinauszuweisen. Wir sind einer jüdisch-christlichen Tradition der Befreiung verpflichtet, die im Ersten und Zweiten Testament ihren Ausgangspunkt hat und auch vor den Herrschern des Überwachungs- und Plattformkapitalismus und der Algorithmen nicht Halt macht. Wir stellen uns damit gegen das Menschenbild des Kapitalismus, den „Homo oeconomicus", eines Menschen, der nur dann wertvoll ist, wenn er Wert produziert. Zweckfreies Dasein ist im Neoliberalismus nicht vorgesehen. Bildung aber ist weit mehr als das.

Ein Exkurs in die Ökonomie soll den Leser_innen einen Einstieg in die politische Ökonomie ermöglichen. Nach Karl Marx braucht es für die kapitalistische Produktion den abstrakten Mehrwert, den der Eigner der Ware Arbeitskraft abschöpfen kann. Wenn nun aber immer mehr menschliche Arbeitskraft durch Roboter[1] ersetzt wird, taucht die zentrale Frage auf, wo denn dann der Wert der Ware entsteht, wenn immer weniger lebendige menschliche Arbeitskraft sich in der Ware vergegenständlichen kann. Die Debatten über das neue Akkumulationsmodell „Digitaler Kapitalismus" sind in vollem Gange und können hier nur angerissen werden.

Als besonders hilfreich erscheint uns hier der in unsere Überlegungen eingearbeiteten Beitrag von Kuno Füssel, der systematisch als Mathematiker und Theologe Künstliche Intelligenz und damit verknüpfte Subjektivierungsprozesse in den Blick nimmt. Er legt ideologiekritisch dar, wie unser Denken und damit auch unser Bewusstsein, das über Sprache und symbolische Ordnung funktioniert, formiert bzw. deformiert wird, wenn algorithmisches Denken überhandnimmt. Was alles verschwindet aus dem gesellschaftlichem Bewusstsein bzw. eröffnet sich erst gar nicht unserem Horizont, wenn nur noch in binären Kategorien gedacht werden kann? Hat Orwells 1984 schon begonnen?

Schlussendlich schauen wir ins heutige Klassenzimmer und werfen einen kritischen Blick auf die schon eingeübte Praxis digitaler Lernformen und ihrer Folgen für das Unterrichtsgeschehen. Befreiende Bildung sieht für uns anders aus. Es erscheint uns angesichts der gesellschaftlichen Herausforderungen notwendiger

---

1 Vgl. Glossar.

denn je, die Voraussetzungen dafür zu schaffen, dass gerade die heranwachsenden Generationen zu Subjekten ihres eigenen Lebens werden. Nur als diese können sie die Zukunft einer gerechten Weltgesellschaft ermöglichen.

Dieser Text kommt zur Zeit des Corona-Virus zu seinem Abschluss. Das Problem, auf das wir aufmerksam machen wollen, tritt nun offen zutage. Unmittelbar nach den Schulschließungen im März 2020 gab es eine Vielzahl von Medienberichten über die Schulen, die digital schon sehr weit sind und somit im Angesicht von Corona – zumindest in Bezug auf die Möglichkeit, nun weiter Schule zu machen – gewappnet. Das mag sein. Wir aber befürchten, dass hier eine Legitimierungsform gefunden wird, die nun das digitale Subjekt als das krisensichere resiliente Subjekt durchwinkt und alle kritischen Anfragen damit an die Seite schieben kann. Das wäre fatal: für die Bildung, für die Menschen und für ihre Fähigkeiten, die Krisen dieser Welt grundlegend zu bekämpfen und zu überwinden. Eine kritische Auseinandersetzung mit der Digitalisierung von Bildung kann durch die Corona-Pandemie nicht beiseite geschoben werden. Im Gegenteil. Sie ist notwendiger denn je.

1.2 Grundannahmen einer befreienden Pädagogik

Wenn wir das Denken und Lernen in der Digitalisierung kritisch hinterfragen wollen, müssen wir uns unserer pädagogischen Grundannahmen vergewissern. Diese können für uns nur in einer befreienden Pädagogik verankert sein, einer Pädagogik, die es sich zum Ziel gesetzt hat, Möglichkeiten für alle zu schaffen, um alles ganz lernen zu können und um so autonome, also sich selbst bestimmende, emanzipierte, also sich von äußeren Herrschaftsansprüchen befreiende, und damit solidarische, also für andere und mit anderen handlungsfähige Menschen zu werden.

Eine Voraussetzung dafür ist die Fähigkeit, Geschehnisse und Entwicklungen in einem gesellschaftlichen Kontext zu verstehen und sich selbst in ein Verhältnis zu diesem Geschehen zu setzen, nicht einfach zum Spielball zu werden. Bildung muss die emanzipatorischen Möglichkeiten technischer Entwicklungen erkennen und erschließen, muss also fragen, inwiefern hier Möglichkeiten für ein autonomes, selbstbestimmtes und nicht heteronomes, fremdbestimmtes Leben in solchen Entwicklungen enthalten sind. Fundament einer befreienden Pädagogik ist die Erfahrung, dass Geschichte und Gesellschaft von Menschen gemacht wurden und werden.[2] Nur mit einer Analyse gesellschaftlicher Verhältnisse können wir kritisches Denken fördern und gewährleisten, damit Menschen eine Verantwortung zur Veränderung der Gesellschaft übernehmen.

Nicht nur auf Digitalisierung bezogen bedeutet dies, die Frage nach Macht- und Herrschaftsprozessen zu stellen. Auf diese Weise können wir dabei helfen, dass Schüler_innen zu mehr als findigen Nutzerinnen der Gegebenheiten werden. Vielmehr sollten sie eine notwendige Distanz zu Prozessen und Verstrickungen gewinnen, die ihnen erst die Möglichkeit eröffnet, souverän mit der Welt umzugehen und sich in ihr zu bewegen. Ziel von Bildung muss es sein, unser Leben freier, gerechter und gleichberechtigter zu gestalten. Damit verbunden ist die Ausgangshypothese, dass im Lernen selbst die Autonomie des Menschen wurzelt.

---

2 Diese befreiende Pädagogik kann sich noch immer an Paulo Freire orientieren. Stellvertretend für seine Arbeit hier nur zwei Bücher: die „Pädagogik der Unterdrückten" so wie sein später Text „Pädagogik der Autonomie".

Im Lichte dieser befreienden pädagogischen Grundannahmen glauben wir, dass die gegenwärtige Entwicklung der Digitalisierung dem nicht gerecht werden kann. Die Hintergründe dieser Entwicklung möchten wir deshalb zum besseren Verständnis ausführlich beleuchten.

2. Von der neoliberalen Schule zum DigitalPakt

„Unter Neoliberalismus ist eine Phase in der Geschichte der Menschheit zu verstehen, die von Computerindustrien und Computertechnologien beherrscht wird."[3]

Im Jahr 2000 setzt sich die Europäische Union ein hehres Ziel: Sie will zur größten wissensbasierten Ökonomie der Welt werden. In dieser Vorgabe ist die Digitalisierung als Grundelement enthal-

---

3 Der Philosoph Achille Mbembe betont die Verbindung zwischen neoliberalem Kapitalismus und Digitalisierungsprozessen und formuliert dies pointiert (Mbembe, Kritik der schwarzen Vernunft, 15). Hier auch einige Literaturhinweise für ein allgemeines Verständnis von Neoliberalismus: Schreiner, Unterwerfung als Freiheit; viele Beispiele aus dem Leben im neoliberalen Kapitalismus von der Bildung über Ratgeberliteratur bis hin zu Castingshows, die auch gut für die Schule geeignet sind; ders., Warum Menschen sowas mitmachen; gute Darstellung unterschiedlicher Theorieansätze, um zu verstehen, wie Neoliberalismus funktioniert, ebenfalls brauchbar für die Schule; sowie Harvey, Kleine Geschichte des Neoliberalismus; welche Rolle die Mont Pelerin Society beim „Aufstieg" des Neoliberalismus gespielt hat, ist nachzulesen in dem Aufsatz von Plehwe/Walpen, Wissenschaftliche und wissenschaftspolitische Produktionsweisen im Neoliberalismus; um einen Überblick über die (Theorie-)Geschichte des Neoliberalismus im 20. Jahrhundert in ihren unterschiedlichen Facetten zu bekommen: Foucault, Die Geburt der Biopolitik; und fast ein „Schulbuch": Friedrich, Lexikon der Leistungsgesellschaft, 26 kurze Texte von A bis Z, hervorragend geeignet als Unterrichtseinstiege; für einen ersten Überblick über Bildung und Neoliberalismus der Aufsatz von Kuno Füssel, Was Bildung ist …

ten. Zugleich geschieht hier eine Verknüpfung mit allen Fragen der Bildung, denn für eine Ökonomie, die auf Wissen setzt, muss Bildung zentral sein. Parallel dazu wird eine andere Weiche gestellt. Der Typus, der mit dieser Ökonomie verknüpft ist, ist die Unternehmer_in, egal ob als Führungsfigur eines großen Konzerns oder als Selbstunternehmer_in der eigenen Arbeitskraft. Ja, auch der Bereich der Bildung wird spätestens seit den 1990er Jahren einem unternehmerischen Denken unterworfen. Im Jahr 2006 beschließt das europäische Parlament, dass die unternehmerische Kompetenz zur Kernkompetenz der europäischen Idealbürger_in wird. Spätestens seit diesem Zeitpunkt werden Digitalisierung und Unternehmertum zusammengeführt und oftmals in einem Atemzug genannt.

Wenn Lehrer_innen verstehen wollen, was es mit der Digitalisierung auf sich hat, dann kommen sie nicht darum herum, einen Blick auf die Rahmenbedingungen zu werfen, in denen diese Digitalisierung geschieht. Gleich zu Beginn kann man sagen, dass das auch für ihre Schüler_innen gelten sollte. Um sich in einer digitalisierten Welt zurechtzufinden, genügt es nicht, Kompetenzen zu entwickeln, mit denen man mit Medien umgehen kann, einen Arbeitsplatz bekommt und seine Konsumbedürfnisse befriedigt. Vielleicht findet man so irgendwie seine Wege – zu Autonomie und Emanzipation aber werden sie nicht führen.[4]

---

4 Hierzu ausführlich: Hellgermann, kompetent. flexibel. angepasst, vor allem 17-50.

2.1 Digitalisierung im Bildungskontext

Um einerseits zu verstehen, welche Rolle die Digitalisierung in einer veränderten Bildungslandschaft spielt und um anderersets zu verstehen, welche Rolle die Bildung für eine digitalisierte Gesellschaft spielt, soll die Entwicklung von den 1990er Jahren bis zum DigitalPakt Schule im Frühjahr 2019 kurz nachgezeichnet werden.

Die 1990er Jahre stehen im Zeichen weitgehender Veränderungen. Die Mauer ist gefallen, die Sowjetunion zusammengebrochen und der globale Kapitalismus steht vor einem scheinbar unaufhaltsamen Siegeszug. Das Ende der Geschichte wird ausgerufen und die Globalisierung dominiert geschichtlich-gesellschaftliche Prozesse scheinbar wie ein Naturgesetz. Spätestens in diesen 1990er Jahren bekommt der Kapitalismus neoliberale Züge, die sich in Privatisierungen, Liberalisierungen und Deregulierungen aller gesellschaftlichen Prozesse zeigen. Dies führt zu Veränderungen in der EU und so auch in den Bildungsprozessen. Das Humankapital und seine Vermehrung wird zu einem vorrangigen Bildungsziel und eine auf Kompetenzen ausgerichtete Bildung beginnt die bisherige inhaltliche Bildung abzulösen.

Im Jahr 2000 wird eine neue strategische Orientierung der EU formuliert, die – 2010 erneuert – bis heute ihre Gültigkeit behalten hat: „... das Ziel, die Union zum wettbewerbsfähigsten und dynamischsten wissensbasierten Wirtschaftsraum der Welt zu machen ...“[5]. Wenn, wie hier formuliert, das Wissen nicht nur die Voraussetzung für ökonomisches Handeln wird, sondern ins Zentrum der Ökonomie selbst vordringt, dann liegt es auf der Hand, dass Bildung einen veränderten Stellenwert und eine neue Aus-

---

5 Europäischer Rat, Lissabonstrategie, März 2000.

richtung bekommt. Bildung als Ausbildung wird zentral und der Umbau des Bildungssystems wird eingeläutet. Klassische Vorstellungen von Bildung verlieren ihren Stellenwert und der Verbindung von Schulen und Unternehmen wird ein deutlich größerer Raum eröffnet.

In der bundesrepublikanischen Bildungslandschaft zeigen sich diese Veränderungsprozesse in der Definition dessen, was eine Kompetenz ist. Diese Definition wird von der Kultusministerkonferenz aufgegriffen, in der Lehrer_innenausbildung propagiert und bietet Anknüpfungsmöglichkeiten für veränderte Bildungsprozesse. In ihr werden Kompetenzen beschrieben als „die bei Individuen verfügbaren oder durch sie erlernbaren kognitiven Fähigkeiten und Fertigkeiten, um bestimmte Probleme zu lösen, sowie die damit verbundenen motivationalen, volitionalen [absichts- und willensbezogenen] und sozialen Bereitschaften und Fähigkeiten, um die Problemlösungen in variablen Situationen erfolgreich und verantwortungsvoll nutzen zu können".[6]

An diesem Punkt können eine Reihe von Veränderungen anschließen, die mittlerweile zum Alltag gehören: von neuen Unterrichtsformen über Kompetenzraster bis hin zu einer veränderten Rolle der Lehrer_innen, die nun Coaches und Lernbegleiter_innen sein sollen. Vor allem aber ist es möglich, in der Schule Digitalisierungsprozesse unter der Perspektive von Kompetenzerwerb zu verstehen und Bildung daraufhin auszurichten.

Im Jahr 2006 wird durch einen Beschluss des EU-Parlaments die Bedeutung von Kompetenzen noch ausgeweitet bzw. ihre Rolle in der Politik der EU gestärkt. Das Parlament beschließt Schlüsselkompetenzen und eine dieser Schlüsselkompetenzen wird die

---

6 Klieme, Kompetenzen, 11f.

„unternehmerische Kompetenz".[7] Dieser Beschluss wird in dem Jahr gefällt, in dem die Finanzkrise ausbricht, die dramatische Folgen auch für die EU hat. Das für das Jahr 2010 propagierte Ziel wird nicht erreicht, wird aber nicht aufgegeben, sondern 2010 erneuert und erweitert. Die Reaktion auf die Krise nimmt noch stärker Bildungsprozesse in den Blick und setzt eine digitale Agenda, die in eine immer stärker werdende Vorstellung eines lebenslangen Lernens eingebettet wird. Außerdem wird die schon 2006 ausgewiesene unternehmerische Kompetenz mit der Digitalisierung verknüpft. Die Verlautbarungen der EU und die Forderungen der Unternehmerverbände reflektieren die gesellschaftliche Wirklichkeit als gleichsam naturgegebene ökonomische Notwendigkeit. Die Digitalisierung wird als entscheidender Faktor für Innovation und technologische Entwicklungen angesehen – für eine wissensbasierte Ökonomie zweifelsohne ein „Muss". Dementsprechend gibt es Aktionspläne und Pakte, Zusammenschlüsse von Interessengruppen und Initiativen, die die unterschiedlichsten Forderungen an die europäischen Regierungen richten – immer mit dem Ziel, den Schulterschluss von Digitalisierung und Bildung herzustellen.

Parallel zu den nationalstaatlichen Bemühungen, die in der Bundesrepublik Deutschland im DigitalPakt Bildung gipfeln, gibt es Anfang des Jahres 2018 einen „Aktionsplan digitale Bildung" der europäischen Kommission. „**Digitale Kompetenz** [Hervorhebung im Original] ist Teil des überarbeiteten europäischen Referenzrahmens für Schlüsselkompetenzen für lebenslanges Lernen, und alle Bürgerinnen und Bürger sollten sie haben."[8] Die digitalen skills spielen also eine zentrale Rolle und unterstützen

---

7 Empfehlung des Europäischen Parlaments, Schlüsselkompetenzen, wieder aufgegriffen 2018 (EMPFEHLUNG DES RATES vom 22. Mai 2018).
8 Mitteilung der Kommission, Aktionsplan digitale Bildung, 8.

und fördern die unternehmerische Kompetenz und den innovativen Unternehmergeist.

Spätestens im Jahr 2016 ist all das auch in der Kultusministerkonferenz angekommen und sie veröffentlicht das Strategiepapier „Bildung in der digitalen Welt". Noch zu Beginn wird der Primat des Pädagogischen behauptet, um dann aber digitale Kompetenzen festzulegen, die das Pädagogische den Anforderungen der neuen digitalen Welt unterwerfen. Was für die Generation der neuen Bildungspläne seit den 2010er Jahren gilt, gilt auch hier. Kompetenzen haben die Funktion, sich in der Welt zurechtzufinden und so zum findigen Kompetenztier zu werden. Eine Möglichkeit, die Situation als ein Ganzes zu sehen, ist in dieser Vorstellung von Kompetenz nicht vorgesehen und die Ausrichtung digitaler Bildung ist von vornherein festgeschrieben. Mit Bildung hat das nicht mehr viel zu tun, mit einer Reduktion von Bildung auf Ausbildung sehr wohl. Die digitale Selbstunternehmer_in ist das Subjekt, das Anfang der 2000er Jahre am Horizont erscheint und nun im Zentrum steht.

2.2 Auftraggeber

Mit all dem ist die Digitalisierung der Schule gesetzt. Allein die Tatsache, dass sich Schule und Bildung in einer Welt vorfinden, die durch ein „digitale Revolution" geprägt wird, in der „Arbeit 4.0" die Norm dessen ist, was in der Schule gelernt wird, genügt nun zur Begründung für Veränderungen. Schulen werden digitalisiert, weil das Lernen in ihnen ganz anders werden muss und all das hat schon in der Vorschulerziehung zu beginnen. Lehrerinnen und Lehrer in den Schulen stehen dem oftmals skeptisch bis ablehnend gegenüber. Nicht alle natürlich. Es gibt auch diejenigen, die sämtliche Formen der Digitalisierung begrüßen und forsch alle Neuerungen in den Unterricht einbringen. Fast könnte man meinen, dass sich Gräben auftun. Den Digitalisierungsveränderern in der Schule ist klar, dass ein wesentlicher Faktor zur Durchsetzung des Digitalisierungsprogramms die Bereitschaft ist, Digitalisierung auch zu tun. Zu der technischen Ausrüstung, die in der Schule vorhanden sein muss, gehören ebenso die Fähigkeiten der Lehrer_innen, diese bedienen zu können. Zudem wird immer wieder betont, dass Lehrer_innen das Digitale auch nutzen wollen sollen.

Damit befinden sich Schulen in einer eigenartigen Situation. Oftmals sind die Rahmenbedingungen, um guten Unterricht machen zu können, schlecht. Gebäude sind marode, es gibt zu wenig Lehrer_innen, die Klassen sind zu groß und tatsächlich ist die digitale Infrastruktur, also die Ausrüstung mit Computern, Beamern und die Anbindung an ein funktionierendes Internet[9], nicht auf der Höhe der Zeit. In dieser Situation wird mit aller Macht ein „DigitalPakt" verkündet, der suggeriert, man könne die Probleme der Schulen auf diesem Wege lösen. Dass dabei nicht-funktionierende Toiletten unberücksichtigt bleiben, während die Klassen mit iPads ausgerüstet werden, erzeugt eine irritierende Ungleichzeitigkeit und Unausgewogenheit der Anstrengungen, die viel über die Situation aussagen.

Darüber hinaus wissen Lehrer_innen auch, wer die „Auftraggeber" hinter der Digitalisierung sind. Sie kennen die Lobbyisten und Verbände, die massiv die Durchdringung aller gesellschaftlichen Bereiche durch digitale Technik und die damit verbundenen Programme vorantreiben. Ab 2016 gibt es den „Monitor Digitale Bildung" von der Bertelsmannstiftung, der zunächst die

---

9 Vgl. Glossar.

berufliche Bildung und dann alle weiteren Schultypen untersucht. Das Ergebnis ist – aus der Perspektive der Untersuchenden – erschütternd. „Nur 15 Prozent der Lehrer sind versierte Nutzer digitaler Medien. Zwar sind gut 70 Prozent der Lehrer und Schulleiter der Überzeugung, dass digitale Medien die Attraktivität der Schule steigern. Trotzdem erkennen (und nutzen) nur wenige das volle didaktisch-methodische Potenzial von Digitalisierung im Unterricht – zum Beispiel mit Blick auf Inklusion, individuelle Förderung oder Ganztagsgestaltung. Nicht mal jeder vierte Lehrer glaubt daran, dass digitale Medien dabei helfen, den Lernerfolg ihrer Schüler zu verbessern. Unter den Schulleitern ist es kaum jeder fünfte."[10]

Die Siemensstiftung plädiert für die Stärkung der MINT-Fächer[11] und möchte die ethische Dimension der Bildung in die Hände der Naturwissenschaft geben. So zumindest argumentiert ihre Vorsitzende Nathalie von Siemens: „Die Siemensstiftung hat in den letzten Jahren echt interessante Erfahrungen damit gemacht, genau mit dieser Kombination aus MINT und Werten und wir meinen auf Grund dieser Erfahrungen, dass die MINT-Fächer geradezu prädestiniert dafür sind, sich mit Wertethemen auseinanderzusetzen und wertebezogenes Verhalten einzuüben."[12] Die deutschen Arbeitgeber haben die „Bildung 2030" fest im Blick. 2017 fordern sie, dass „digitale Medien" zu „didaktischen Instrumenten" werden.[13] Für sie kann digitale Bildung nicht früh genug anfangen, auf jeden Fall weit vor der Grundschule. Natürlich sind die „Big Five"[14] mit dabei und so gibt es einen Digitalen

---

10 Monitor Digitale Bildung 2017, 6.

11 Mathematik, Informatik, Naturwissenschaften,Technologie.

12 Nathalie von Siemens, Fachtagung MINT und Werte, 27.03.2017 (https://www.youtube.com/watch?v=wRyAJHIk_Rc, 25.08.2019).

13 Bildung 2030, 8.

14 Vgl. Glossar.

Bildungspakt (nicht zu verwechseln mit dem DigitalPakt Schule drei Jahre später), der schon 2016 federführend durch Microsoft Deutschland in die Öffentlichkeit gebracht wird.[15] Die Zielrichtung ist auch hier klar. Die Digitalisierung wird nicht zum Instrument, zum Mittel für einen guten Zweck, eine gute Bildung, sondern umgekehrt. Es geht um: „Die richtige Bildung für die digitale Welt". Vorrangige Aufgabe der Bildung ist es demnach, sich den Gegebenheiten der herrschenden Welt zu unterwerfen und ihr dienstbar zu sein. In ihrem Kompendium wissen die Autoren, was „Wir" für diese digitale Welt brauchen. Allein diese Wortwahl ist mehr als entlarvend, insofern lediglich die Frage beantwortet werden muss, wer denn dieses „Wir" ist: Die Big Five, die Medienkonzerne, die Unternehmerverbände, die Digitalwirtschaft. Die Botschaft ist klar: Wir brauchen die digital ausgebildete Selbstunternehmer_in, die kreativ und innovativ in einem Start-up dem Prozess der Kapitalverwertung neue Impulse verleiht, und wenn sie dies nicht hinbekommt, ihre skills darauf ausrichtet, ihre Beschäftigungsfähigkeit, ihre Employability zum Wohle des digitalen Kapitalismus flexibel einzusetzen.

Wenn man die Forderungskataloge liest, dann fällt auf, dass diese Forderungen immer gleich und relativ banal sind. Sie erschließen sich wohl nur, wenn man sich das dahinter stehende Subjekt vorstellt und alle diese Forderungen im Kontext der Reproduktion dieses neuen digitalen Kapitalismus liest. Was muss das Subjekt im digitalen Kapitalismus können?

Zentral ist sicherlich – darauf wird in Untersuchungen auch immer abgehoben –, dass der Umgang mit Digitalem eine Permanenz hat, dass also alle Prozesse über digitale Medien abgewickelt werden. Dass alle Prozesse so abgewickelt werden müssen, hat

---

15 Digitaler Bildungspakt, Die richtige Bildung für die digitale Welt.

damit zu tun, dass ein möglichst umfangreicher Lebensbereich durch den digitalen Kapitalismus erfasst werden soll, um der Kapitalverwertung zugeführt werden zu können. Wenn der digitale Kapitalismus eines braucht, dann sind es Daten. Und diese Daten werden durch seine Nutzer produziert.[16]

Manchmal jedoch schleichen sich Zweifel ein. Aber sie treten nur im Hintergrund auf – oder zum richtigen Zeitpunkt. Pünktlich mit dem Ferienbeginn in NRW gibt es einen Bericht in verschiedenen Zeitungen, vermittelt über die Deutsche Presseagentur.[17] Nachdem immer wieder das Thema Digitalisierung in den Medien präsent war, wird nun darüber berichtet, dass es im Silicon Valley, im Herzen des digitalen Kapitalismus, Schulen gibt, die völlig ohne Digitalisierung auskommen. Und auf diese Schulen schicken die Manager und CEOs der großen Konzerne ihre Kinder. Das ist offensichtlich ein Ferienthema und wenn die Schule beginnt, längst wieder vergessen. Doch diese Nachricht ist nicht neu. Schon 2011 gab es diesen Bericht in der New York Times[18] und drei Jahre später waren einige erstaunt, dass der Erfinder des iPad seinen Kindern im Teenageralter den Zugang zu diesem rigoros verwehrte.[19] Auch andere Spitzenmanager_innen

---

16 Vgl. hierzu Zuboff, Überwachungskapitalismus. Sie verdeutlicht umfassend und anschaulich, wie diese Daten in einen „Überwachungskapitalismus" führen. Daten, die Nutzer produzieren, erzeugen einen „Verhaltensüberschuss", der in Form von Daten einem über die Nutzer_innen hinausgehenden Verwertungszweck zugeführt wird. (85-121). Beispielhaft hierfür die Quantified-Self-Bewegung (vgl. Glossar und den entsprechenden Eintrag in Friedrich, Lexikon der Leistungsgesellschaft.).

17 Zum Beispiel: Kreide und Schultafel statt Computer im Silicon Valley (https://t3n.de/news/kreide-schultafel-statt-computer-1177593/ 22.11.2019).

18 Vgl. hierzu: Matt Ritchel, A Silicon Valley school that does not compute, New York Times 22.10.2011 (https://www.nytimes.com/2011/10/23/technology/at-waldorf-school-in-silicon-valley-technology-can-wait.html, 10.08.2019).

19 Vgl. hierzu: Nick Bilton, Steve Jobs was a low-tech parent, New York

setzen offensichtlich auf ein technik- und computerfreies Zuhause mit Büchern und Gesprächen anstatt Spielkonsole und freiem W-Lan, während sie Strategien entwickeln, die Schulen dieser Welt mit ihren Geräten und Programmen auszustatten. Wahrscheinlich wissen sie, was es braucht, um diese Prozesse wirklich zu steuern: Fähigkeiten, die innerhalb des Digitalen offensichtlich nicht erworben werden können. Das Beispiel der Schule aus dem Silicon Valley macht das deutlich. Zugleich aber ist interessant, dass diese Schule keine ist, die wirklich das kritische Denken fördern würde.[20] Sie ermöglicht gerade die Menge an Analogem, die notwendig ist, um eine andere Ebene der Steuerung von Prozessen ins Spiel zu bringen, als die, die sich durch die digitale Welt erschließen lässt.

Auch das durch digitalisierte Lernprozesse initiierte Lernen, zumindest in der Form, wie es im Moment schwerpunktmäßig propagiert wird, ist keines, das ein Verstehen von Gesellschaft auch nur anstoßen könnte. Ja, es zielt geradezu auf dessen Verhinderung ab. Eine Analyse gesellschaftlicher Verhältnisse ist in den Lernrhythmen, die das digitale Lernen zur Verfügung stellt, nicht denkbar. Das aber wäre die Grundvoraussetzung für Lernen im digitalen Zeitalter. Das wäre es, was in Schulen gelernt werden sollte, damit Schüler_innen nicht zu findigen, aber blinden „usern" würden und sowohl die Gefahren als auch die Möglichkeiten erforschen könnten, die mit der „digitalen Revolution" gegeben sind. In der Schule kann es weder um ein forsches, aber blindes Vorwärts gehen noch um eine kulturkonservative Verteufelung des Digitalen. Bildung muss die emanzipatorischen Mög-

---

Times, 10.09.2014 (https://www.nytimes.com/2014/09/11/fashion/steve-jobs-apple-was-a-low-tech-parent.html, 10.08.2019).

20 Das wird deutlich, wenn man sich die Seite der Schule etwas länger und genauer anschaut: https://waldorfpeninsula.org/ (13.01.2020).

lichkeiten technischer Entwicklungen erkennen und erschließen, muss also fragen, inwiefern hier Möglichkeiten für ein autonomes und nicht heteronomes Leben enthalten sind. Und Lehrer_innen dürfen sich nicht mit einer Banalisierung von Bildung abspeisen lassen.

2.3 Digitale Methoden

Immer wieder wird behauptet, dass die Digitalisierung alles verändere und damit eine neue Bildungsqualität durch digitale Konzepte gegeben sei. Doch in der Regel findet man in den Handreichungen weder wirklich didaktische Ansätze, die diesen Namen verdienen, noch sind die Beispiele, die neue methodische Ansätze versprechen, weiterführend. Im Gegenteil: Sie sind eigenartig beschränkt und banal. Sie heißen „Flipped Classroom" und „QR-Code-Ralley", „Blended Learning", „Collaborative" oder „Virtual Classroom". Beim „Digital Breakout" werden Rätsel gelöst, um nachher Schlösser zu öffnen, die zuvor von einer Software erstellt worden sind. Ebenso kann man Teil der weltweiten Kahoot-Gemeinde werden. BYOD (bring your own device) ist das Gebot der Stunde, sprich, jeder und jede kann auf dem eigenen Smartphone lernen und das Webinar ist das Seminar der Zukunft. Wird ein Pad im Internet eröffnet, dann müssen die Schüler_innen nicht mehr im Klassenraum direkt miteinander sprechen, sondern können dies in Echtzeit tun, vermittelt über eine entsprechende Software.

All die Vorschläge mögen neue Möglichkeiten beinhalten, Erleichterungen, Vereinfachungen, die analog so nicht realisierbar waren. Allerdings lassen sie sich nicht als das entscheidend qualitativ Neue charakterisieren und sind in der Regel Übertragungen aus einem Methodenpool, indem analoge Mittel durch digitale ersetzt werden. Zwei Beispiele hierzu.

Flipped Classroom verspricht eine neue Möglichkeit des Lernens. Es bedeutet so viel wie „umgedrehter Klassenraum". Mit dieser Methode werden Schüler_innen Erklärvideos oder Ähnliches zur Verfügung gestellt, die sie dann außerhalb des Klassenraums, zum Beispiel nachmittags, zu Hause anschauen. Die normalerweise durch Lehrer_innen erfolgende Instruktion wird umgedreht, nach außerhalb verlagert und die Übung des so Instruierten erfolgt nicht mehr als Hausaufgabe zu Hause, sondern mit Hilfe der Lehrer_in als Lernberater_in in der Klasse. Damit, so wird argumentiert, könnten die Schüler_innen ihre je eigene Lerngeschwindigkeit beibehalten und es werde keine wertvolle Lernzeit verschenkt. Allerdings ist das angeblich Neue so neu nicht. Auch das Lesen von Texten oder das Erschließen eines naturwissenschaftlichen Sachverhalts wurden schon vor der Digitalisierung als Hausaufgabe aufgegeben, um sie dann zu diskutieren, zu besprechen oder in Übungen anzuwenden. In diesem Sinne, könnte man sagen, ist das Buch schon immer eine Möglichkeit des „Flipped Classroom" gewesen. Die Grundstruktur universitären Lernens in Vorlesungen und Seminaren entspricht genau dem: Die Student_in, die keine Lust auf die Vorlesung hat, liest das Buch der Professor_in zu Hause in der ihr eigenen Lerngeschwindigkeit.

Ein zweites Beispiel soll dazu dienen, die schier unendlichen Möglichkeiten, die sich durch die Digitalisierung ergeben, zu entmystifizieren: das Unterrichten mit QR-Codes. QR-Codes werden gepriesen, weil mit ihnen die Möglichkeit verbunden ist, alles Mögliche zu verschlüsseln und mit der entsprechenden App und einem Smartphone zu entschlüsseln. Ein konkreter Vorschlag sieht folgendermaßen aus: Aufgaben werden mit der entsprechenden Software codiert, als QR-Code ausgedruckt und dann an verschiedenen Orten im Klassenraum aufgehängt. Die Schüler_innen können die Aufgaben entschlüsseln, lösen und bekommen eine sofortige Rückmeldung, ob sie richtig oder falsch beantwortet sind.[21] An dieser Stelle beginnt der pädagogische Verstand Purzelbäume zu schlagen: Was soll hier eigentlich gelernt werden? Geht es um die Antwort auf die Frage und den damit verbundenen Sachverhalt? Oder geht es um eine Kompetenz, die man als Gewöhnungskompetenz am Treffendsten beschreiben könnte: dass nämlich Schüler_innen sich daran gewöhnen, dass der QR-Code eine zentrale Aufgabe hat und die Nutzung des Smartphones bei der Lösung des Problems die Schlüsselrolle einnimmt. Geht es hier also darum, sich ein Wissen anzueignen, ein Verstehen, eine Erkenntnis zu ermöglichen oder ist die heimliche, aber zentrale Aufgabe die Produktion eines spezifischen Subjektes: des digitalen Subjekts?

Mindestens zu erwähnen ist, auf wen all diese Methoden, Bemühungen und Angebote verweisen. Im Hintergrund finden sich immer die „Big Five", ihre Software, ihre Hardware und – davon ist auszugehen – ihre Interessen. Sie finden sich wieder in Initiativen und Stiftungen, in Beiräten oder als Partner_innen der Bildungseinrichtungen: Amazon in „digital engagiert", google startet die „digitale Bildungsoffensive", Facebook will „digital durchstarten" und ist Teil von „digibits" (Digitale Bildung trifft Schule), Microsoft engagiert sich im „Netzwerk Digitale Bildung" und apple liefert iPads für die iPad-Klassen. Dies ist nur eine minimale Auswahl und es bleibt den Lehrer_innen überlassen, hier einmal zu „googlen", um im Anschluss zumindest im Deutsch-

---

21 Hierzu: https://www.gutes-aufwachsen-mit-medien.de/informieren/article.cfm/key.3250/aus.2 (05.02.2020).

unterricht ein anderes Verb für die damit verbundene Tätigkeit zu suchen, einen minimalen Abstand herzustellen und so einen Bildungseffekt zu erzielen.

2.4 Was wird eigentlich gelernt?

Vieles, womit wir im Kontext der Digitalisierung von Bildung konfrontiert sind, erinnert an das Märchen „Des Kaisers neue Kleider". Bekanntermaßen läuft er durch die Straßen, um seine neuen Kleider vorzuführen, obwohl er nackt ist. Niemand traut sich, dies zu sagen, alle sind gebannt und spielen das Spiel mit, bis auf ein Kind, welches noch nicht weiß, wie dieses Spiel zu spielen ist bzw. dass es zu spielen ist, und ausruft: Aber der Kaiser ist ja nackt! So ähnlich verhält es sich auch mit der digitalen Offensive in der Bildung: Substantiell Neues hat sie nicht zu bieten und eigentlich müsste es auch jemanden geben, der diesen Satz ausspricht.[22]
Vielleicht wird es deshalb nicht geschehen, weil er ja von einem Kind gesagt werden müsste. Da aber ein Kind die Differenz nicht mehr erkennen kann, weil es ja nichts anderes kennt als die Banalität der Digitalität, wird das wohl nicht passieren. Und so werden Referendar_innen und Fachleiter_innen sich gegenseitig darin bestärken, dass sie einen guten digitalen Unterricht entwickelt haben und diese Art der Digitalisierung wird Einzug halten in den Schulen.

---

22 Interessanterweise gibt es eine Parallele bezüglich der Erforschung der KI. Im Vorwort zu Roger Penrose, Computerdenken, sagt Martin Gardner: „Wie das Kind in Andersens Märchen ‚Des Kaisers neue Kleider' wagt er [Penrose] auszusprechen, dass die Auguren der starken KI nackt sind." (S. XVI).

Nun könnte man auf die Idee kommen, dass es dann kaum einen Grund gäbe, diese Vorgänge zu kritisieren. So wichtig ist es nicht, ob ein Text digital vorliegt oder auf Papier, im Netz gefunden wurde oder in der Bibliothek, ob der Arbeitsauftrag für die Gruppenarbeit, der durch einen QR-Code verschlüsselt ist, zunächst mit einem Smartphone entschlüsselt werden muss. Das stimmt.[23] Aber wenn wir uns das Märchen anschauen, dann verbirgt sich hinter dem Offenkundigen etwas, und das genau ist es, worauf es ankommt. Während kaum jemand die Banalität der methodischen Vorschläge zur Unterrichtsdigitalisierung anfragt, während Kritik daran hinter vorgehaltener Hand geleistet wird, versteckt diese beschämende Nacktheit etwas so geschickt, dass niemand darauf zu kommen scheint. Die Nacktheit ist die perfekte Verschleierung. Sie verschleiert, was in all diesen Prozessen genauso banal ist, genauso offensichtlich und genau dadurch nicht benannt und kritisiert wird: den ökonomischen Prozess, für den die digitalisierte Bildung eine zentrale Aufgabe erfüllt. Sie produziert nicht nur das digitale Subjekt, das der digitale globale Kapitalismus braucht, sondern schafft die Bedingungen, unter denen immer neue Möglichkeiten der Kapitalverwertung bereitgestellt werden. Und sie liefert das Material, den Rohstoff der digitalen Ökonomie: Daten.

---

23 Und stimmt zugleich nicht, weil mittlerweile klar geworden ist, dass das Lesen in Büchern und das Lesen auf Bildschirmen sich sehr grundlegend unterscheidet. Vgl. hierzu die Stavanger-Erklärung sowie Wolf, Lesen.

2.5 Digitalisierung und Didaktik

Alles, was in der Schule passiert, muss pädagogisch begründet werden! Das zumindest sollte man wissen, wenn man es im weitesten Sinne mit Schule zu tun hat. Oft genug gilt das in der Schule nicht. Es gibt viele Entscheidungen, die organisatorisch, ökonomisch oder sonst wie begründet werden. Im Kontext der Digitalisierung von Schulen wird dies auf die Spitze getrieben. Die Begründung dafür, dass die Digitalisierung von Bildung vorangebracht werden muss, ist schlicht die Existenz der Digitalisierung selbst.

Dabei könnte prinzipiell eine Begründung gegeben werden – und sie existiert ja im Hintergrund: Wir bewegen uns in einem unaufhaltsamen Prozess, der es notwendig macht, alles dafür zu tun, dass diejenigen, die unser formales Bildungssystem verlassen, so gut wie irgend möglich für die digitale Welt gerüstet sind. Und dazu müssen alle Register gezogen werden. Man muss so früh wie möglich damit beginnen, Kindern diese Welt zu eröffnen. Dieses Ziel aber müsste offen deklariert werden. Und genau das geschieht nicht.

Es gibt keine pädagogisch-didaktischen Begründungen für die Digitalisierung von Bildung. Gäbe es solch eine Begründung, so könnte man zumindest dagegen argumentieren: Um in einer durch und durch digitalisierten Welt klarzukommen, benötigen Kinder eine Phase der Entwicklung, die aus verschiedenen Gründen gerade nicht von Digitalisierung durchdrungen ist. Das Beispiel aus dem Silicon Valley könnte ein Hinweis darauf sein, dass etwas daran ist. Menschen, die erst nach ihrer Pubertät damit beginnen, sich die digitale Welt zu erschließen, müssen nicht notwendig außen vor bleiben. Die Gründerfiguren der Digitalisierung zeigen es.

Hier stellen sich uns folgende didaktisch-pädagogischen Fragen: Welche Effekte wird die frühzeitige Überflutung mit Digitalisierung haben? Was für Subjekte bringt die Digitalisierung hervor?

Die plausibelste Antwort ist die einfache: Die Subjekte, die der digitale Kapitalismus braucht. In diesem Sinne erfüllt die Schule ihre zentrale Aufgabe, die darin besteht, die Verhältnisse, die sind, wie sie sind, zu reproduzieren, einen gegebenen Status quo – der ein festgeschriebener Status eines spezifischen Entwicklungsmodells ist – aufrecht zu erhalten.

Wenn man dem eine andere didaktisch-pädagogische Grundoption entgegensetzt, dann bietet sich eine ganz andere Möglichkeit, mit den derzeit ablaufenden Prozessen umzugehen, eine pädagogische Option zu entwickeln und in diesem Sinne auch tatsächlich handlungsfähig zu werden. Diese Option orientiert sich an dem, was noch immer grundlegend sein muss für das, was in der Bildung, der Schule und im Unterricht geschieht: alle alles ganz zu lehren[24] und damit Menschen eine Möglichkeit bereitzustellen, autonome, sich selbst bestimmende, emanzipierte, sich von äußeren Herrschaftsansprüchen befreiende, und damit solidarische, für andere und mit anderen handlungsfähige Menschen zu werden. Wenn man diese Option für Bildungsprozesse noch immer für relevant und gültig hält, müssen die gerade ablaufen-

---

24 Das ist die Grundforderung des Jan Amos Komenský – genannt Comenius – und der ersten Didaktik im europäischen Kontext überhaupt. Johann Amos Comenius (1592-1670), Pädagoge, Theologe, Philosoph, arbeitet das, was immer wieder in der berühmten Formel verdichtet worden ist, in seiner „Großen Didaktik – Die vollständige Kunst allen Menschen alles zu lehren" aus dem Jahr 1657 aus sowie am Ende seines Lebens in der sogenannten „Pampaedia – Allerziehung". Die Grundformel der Pampaedia lautet: omnes, omnia, omnino (excoli) – alle, alles, ganz (in Rücksicht auf das Ganze): „So geht es hier also darum, daß dem ganzen Menschengeschlecht, das Ganze, allumfassend »... Omnes, Omnia, Omnino« gelehrt werde."

den Prozesse sehr kritisch beobachtet werden. Eine Auseinandersetzung mit Prozessen der Digitalisierung in der Bildung macht es notwendig, die Frage nach damit verbundenen Macht- und Herrschaftsprozessen einer neuen Art zu stellen. Und sie zeigt, wie wichtig es ist, dass Schüler_innen nicht nur zu findigen Nutzern der Gegebenheit werden, sondern vielmehr eine notwendige Distanz zu diesen Prozessen und Verstrickungen gewinnen, die es ihnen erst ermöglicht, souverän mit der digitalen Welt umzugehen und sich in ihr zu bewegen. Dass damit ein Verstehen und die Fähigkeit, all das Gegebene zu gebrauchen, verbunden sind, steht außer Frage.

2.6 Digitale Kompetenzen

Um dem Prozess der Digitalisierung der Bildung eine Orientierung zu geben, hat die Kultusministerkonferenz im Jahr 2016 ein Strategiepapier vorgelegt, dass diesen Prozess steuern soll. Wir empfehlen, dieses Papier in der Schule zu lesen und es auf das hin zu untersuchen, was darin nicht vorkommt.

Zunächst zu dem, was vorkommt. Es beschreibt die Digitalisierung als eine Gegebenheit, die aus sich heraus ihre Gültigkeit und Berechtigung hat. Bildung könne darauf nur reagieren. Zugleich aber soll sie die mit der Digitalisierung verbundenen Möglichkeiten nutzen. Diese sind die Individualisierung von Lernprozessen und die Etablierung von mehr Selbstständigkeit und Eigenverantwortlichkeit. Dazu trügen digitale Lernumgebungen bei und die individuellen Potenziale könnten so ausgeschöpft werden. Das Ziel des Ganzen: „… zunehmend mehr digitale Bildungsmedien in Lehr- und Lernprozessen."[25] Zwei Aspekte ergänzen dieses Ziel und werden im Strategiepapier explizit erwähnt.

Um dieses Ziel zu erreichen, soll auch die Möglichkeit für Public-private-Partnership gegeben werden. Damit wird der Privatisierung und auch der ökonomischen Vereinnahmung von Bildung ein weiteres Tor geöffnet. Zudem wird explizit darauf hingewiesen, dass Elternrechte bei der Digitalisierung Grenzen gesetzt sind. Denn das Elternrecht sei kein „Abwehrrecht". Die Digitalisierung der Schule wird also zu einer hoheitlichen Aufgabe. So wie mit dem Lesen, Schreiben und Rechnen haben wir es bei der Digitalisierung mit einer neuen Kulturtechnik zu tun, die grundlegend zu akzeptieren sei. Abschließend wird noch auf die Geschwindigkeit vorbereitet, mit der der Prozess voranschreitet. Digitalisierung ist ein Prozess, „ … dessen Geschwindigkeit weiter zunehmen wird."[26]

All das, was die KMK hier als Strategie propagiert, ist erstaunlich begründungslos. Die zwischen den Zeilen zu lesende, immer wiederkehrende Begründung ist einzig, dass es so ist. Die Gegebenheiten sind auf eine erschreckende Weise zur Norm geworden, was darauf verweist, dass Bildung, so verstanden, tatsächlich ihre Autonomie verloren hat. Doch wird an einigen wenigen Stellen des Papiers das Gegenteil behauptet: „Der Umgang mit der Digitalisierung im Schulbereich – wie im Bereich der Hochschullehre auch – folgt dabei dem Primat des Pädagogischen und muss in pädagogische Konzepte eingegliedert sein, in denen das Lernen im Vordergrund steht."[27] Genau das wäre der notwendige Ausgangspunkt für eine pädagogische Auseinandersetzung mit Digitalisierung, aber genau dieser Punkt bleibt eine Leerstelle.

---

25 Kultusministerkonferenz (KMK), Bildung in der digitalen Welt, 39.
26 Ebd., 61.
27 Ebd., 59.

Da sie nicht gefüllt wird, liest sich der Rest wie das Aufgeben des Vorrangs der Pädagogik: Die Gegebenheiten höhlen die Pädagogik aus! Dementsprechend sind die Rahmenkompetenzen, die das Papier vorschreibt, Einübungen in die Akzeptanz der digitalen Welt.

2.7 Entscheidend ist, was fehlt

Die oben angesprochene Leerstelle im Strategiepapier wird zuallererst sichtbar, wenn es um die Gefahren des Digitalen geht. Es gibt zwei Punkte, auf die das Papier verweist. Zum einen sind es die „Risiken und Gefahren in digitalen Umgebungen", zum anderen sind es die „Suchtgefahren".[28] Die Antwort darauf ist mittlerweile altbekannt: Individualisierung des Problems, Verantwortungsübernahme des Einzelnen. Keine Rede von der Aufgabe von Bildung, gesellschaftliche Entwicklungen zu reflektieren, zu problematisieren und sich auf die Suche zu begeben, ihren spezifischen Teil zu dieser Entwicklung beizutragen. Keine Rede davon, als Bürger_innen zu Datenproduzent_innen für die Big Five zu werden. Und keine Rede davon, dass die Digitalisierung der Gesellschaft sehr grundlegende Fragen aufwirft, die zentrale Bildungsfragen sind und sein müssen!
In diesem Sinne muss das Papier tatsächlich auf das hin gelesen werden, was fehlt. Nun könnte man sagen, dass mit diesem Strategiepapier zumindest ein wichtiger Schritt getan worden ist, um der Verantwortung der Bildung gerecht zu werden. Alles andere könnte ja noch kommen. Wir behaupten, genau das Gegenteil ist notwendig, um von Bildung zu sprechen und um nur an-

---

28 Ebd., 17.

satzweise der Herausforderung der Situation gerecht zu werden. Das wird deutlich, wenn man im nächsten Schritt einen Blick in die Medienkompetenzrahmen wirft, die auf Länderebene für die Schulen Gültigkeit haben. Denn diese beziehen sich auf das Grundsatzpapier der KMK, übernehmen die Kompetenzen und füllen die Lücken gerade nicht. Der Medienkompetenzrahmen NRW ist ein Beispiel dafür. Ganz in der Weise, wie sich Bildung unter den Bedingungen eines neoliberalen Kapitalismus ausrichtet, funktioniert auch der Medienkompetenzrahmen. Er ist eingebettet in ein Kompetenzschema, das Schüler_innen zu kritischen Anwender_innen machen soll. Das muss zu wenig sein. Allein, wie soll das geschehen, wenn dabei ein entscheidender Aspekt grundsätzlich vernachlässigt wird. Denn an keiner Stelle wird der Versuch unternommen, die Auseinandersetzung um digitale Medien in einen geschichtlich-gesellschaftlichen Kontext einzubinden.

Wenn Bildung darauf abzielt, Menschen zu einer eigenständigen Persönlichkeit werden zu lassen bzw. hierfür die Möglichkeiten bereitzustellen, wenn also Bildung ihren Beitrag zur Autonomie und Emanzipation von Menschen leistet, dann müssen sie durch Bildung die Fähigkeit gewinnen, sich in einem gesellschaftlichen Zusammenhang zu orientieren. Dies sei an einem Beispiel erläutert. Wenn junge Menschen, wie es die KMK möchte, befähigt werden sollen, sich – ohne sich selbst und andere zu gefährden – auf Internet-Plattformen zu bewegen, dann genügt es wohl kaum, eine „Netiquette"[29] zu erlernen, die Verhalten vorschreibt. Voraussetzung für ein solches Verhalten ist Verstehen, das heißt zunächst einmal zu wissen, was denn eine Internetplattform ist.

---

29 Die KMK verwendet für die Kompetenz „Umgangsregeln kennen und einhalten" den Begriff. (KMK, Strategie, 16).

Ein analytischer Begriff, der zur Erarbeitung beiträgt, ist zum Beispiel der Begriff Plattformkapitalismus[30].

Mit den so postulierten Medienkompetenzen, wie dies am Beispiel von NRW sichtbar wird, geht man davon aus, dass etwas unverrückbar gegeben ist und selbst keines Hinterfragens mehr bedarf: die Digitalisierung der Gesellschaft. Dabei wird vernachlässigt, was die erste Lektion des Geschichtsunterrichts ist bzw. sein muss: dass Geschichte und Gesellschaft von Menschen gemacht werden.

Das Problem spiegelt sich auf der Ebene der Begründung der als notwendig gesetzten Kompetenzen wieder. Eine solche wird nicht gegeben. In diesem Sinne mangelt es an dem, was für Bildung grundlegend sein müsste: einer Didaktik, einer theoretischen Auseinandersetzung mit dem Lernen im digitalen Kontext. Auf die Frage an das KMK-Papier oder den Medienkompetenzrahmen, warum Lernen auf die propagierte Weise sich weiterentwickeln soll, gibt es keine Antworten, lediglich den Hinweis auf die äußeren Rahmenbedingungen. Dabei wäre die Einbettung in die grundlegenden Fragen des Lernens der entscheidende Punkt, die wesentliche pädagogische Arbeit, die zu leisten wäre. Noch einmal der Hinweis auf die Schule im Silicon Valley: Zumindest müsste die Frage, ob deutlich weniger „digitale" Schule nicht die bessere Vorbereitung auf die digitale Welt wäre, negativ beantwortet werden.

---

30 Vgl. Glossar.

2.8 Lernen durch Gewöhnung

Es gibt eine Grundforderung, die sich durch alle Papiere zieht: Wir werden von der Digitalisierung überrollt und deshalb kann gar nicht früh genug damit begonnen werden, Kinder in diese Welt einzuführen, sie mit dieser Welt vertraut zu machen, weil sie sonst darin verloren gehen, keinen Arbeitsplatz finden oder schlicht nicht damit zurechtkommen. Wer in der digitalisierten Welt klarkommen soll, muss damit so früh wie möglich anfangen.[31] Deshalb müssen wir – die Erwachsenenwelt – den Kindern schon im frühesten Alter die Wege in diese Welt ebnen, sonst gehen sie unter.

Dieses Argument ist verräterisch. Es zeigt noch einmal, welche Form von Lernen hier präferiert wird. Es ist ein Lernen durch Gewöhnung. Die Frage ist längst nicht mehr: Was sind tatsächlich die wichtigsten Fähigkeiten, die Kinder lernen müssen, um in einer durch und durch digitalisierten Gesellschaft nicht unterzugehen? Die Frage ist durch die Preisgabe an das, was in dieser Gesellschaft Gültigkeit hat, schon längst beantwortet. Aber die Form des Lernens, die in der Kita und in der Grundschule genau das Geforderte leistet, ist schlicht die der Gewöhnung. Fünf- aber auch achtjährige Kinder werden keinen reflektierten Umgang mit digitalen Medien lernen. Sie werden lediglich lernen, wie man damit umgeht. Es gibt keinen Grund, das als Voraussetzung dafür anzusehen, dass diese Kinder später einmal kreative Programmierer_innen werden oder neue Erfindungen machen. Was sie lernen, ist, mit einer unreflektierten Selbstverständlichkeit digitale Medien zu nutzen und gerade nicht mehr zu hinterfragen.

---

31 Shoshana Zuboff spricht in diesem Zusammenhang von der „Unvermeidlichkeitsdoktrin". Vgl. hierzu: Zuboff, Das Zeitalter des Überwachungskapitalismus, 256-267.

Die Gründerfiguren der digitalen Welt und ihre Programmierer_innen sind nicht diejenigen, die mit dieser Welt aufgewachsen sind. Welche Fähigkeiten auch immer sie mitgebracht haben, es waren nicht die Gewöhnungen bis zum zehnten Lebensjahr, die sie zu den Pionier_innen des Computers gemacht haben. Unhinterfragte Gewöhnung und reflektiertes Lernen sind an dieser Stelle zwei sich deutlich unterscheidende Vorstellungen davon, welche Formen des Lernens Schulen für eine digitale Welt entwickeln sollten.

Ohne den Punkt genauer zu entfalten, sind die Untersuchungen von Wissenschaftler_innen, vor allem von Gehirnforscher_innen, ernst zu nehmen, die darauf verweisen, wie unser Gehirn funktioniert und wie Lernvorgänge ablaufen. Dabei ist ein Aspekt einfach und nachvollziehbar. Man kann davon ausgehen, dass Menschen das lernen, was sie tun, Kinder viel schneller als Erwachsene. Wer als Kind nicht lernt, mit einem Fahrrad zu fahren, dem wird das im Alter von fünfzig Jahren deutlich schwerer fallen. Darüber hinaus spielt eine Rolle, was in welchem Alter gelernt werden kann. Ein Kind im Grundschulalter wird sich keinen reflektiert-rationalen Zugang zur digitalen Welt erschließen. Das ist in diesem Alter nicht möglich und auch nicht notwendig. Vielmehr geht es darum, Kindern überhaupt einen Zugang zur Welt zu erschließen, der sehr unterschiedliche Ebenen beinhaltet und unter Umständen die beste Voraussetzung dafür ist, später einmal in der digitalen Welt bestehen zu können, ja, nicht nur in dieser Welt bestehen zu können, sondern auch einen Beitrag zur Veränderung dieser Welt zu leisten. Für Gehirnforscher_innen ist klar, dass das Gehirn das lernt, womit es konfrontiert wird. Für die Schule liegt damit die alte Frage auf dem Tisch: Was sollen unsere Kinder lernen?

2.9 Über Metastudien

Um eine Orientierung im Digitalisierungsdschungel zu gewinnen, können Studien manchmal hilfreich sein. So gibt es die von der Kultusministerkonferenz in Auftrag gegebene Metastudie: „Digitale Medien im mathematisch-naturwissenschaftlichen Unterricht der Sekundarstufe. Einsatzmöglichkeiten, Umsetzung und Wirksamkeit.“[32] Das Ergebnis der Studie lässt sich laut TU München folgendermaßen zusammenfassen: „Erfolgreicher Unterricht ist digital – aber nicht ausschließlich“.[33] Damit ist eigentlich schon das Entscheidende gesagt. Zwar ist der Bezugspunkt der Studie der mathematisch-naturwissenschaftliche Unterricht in der Sekundarstufe I, aber die Ergebnisse sind plausibel und mit der Erfahrung von Lehrer_innen im alltäglichen Unterricht sicherlich verallgemeinerbar.

Was in der Studie nicht nachgewiesen wird, ist ein qualitativer Sprung, eine neue Dimension von Unterricht, die sich aus der Digitalisierung ergibt. Stattdessen bestätigt sie, was man ganz allgemein über guten Unterricht weiß, dass er abwechslungsreich, methodisch vielfältig, klar strukturiert und schüler_innenorientiert sein soll. In diesem Setting ist das digitale Moment ein wichtiges, aber eines von vielen, insofern es Unterricht um eine andere mediale Dimension erweitern kann. Wenn man die veröffentlichte Zusammenfassung liest, dann kommt die Digitalisierung von Bildung ganz unaufgeregt daher, qualitative Sprünge lassen sich von ihr nicht erwarten. Lehrer_innen, die die Augen vor der Digitalisierung verschließen, sind also tatsächlich nicht mehr zeitgemäß, Lehrer_innen, die sich ganz und gar der Digitalisierung

---

32 Hillmeyer u. a., Digitale Medien im Unterricht.

33 Technische Universität München, 12.12.2017, (https://www.tum.de/nc/die-tum/aktuelles/pressemitteilungen/details/34369/, 22.08.2019).

verschreiben, werden Schiffbruch erleiden. Das haben wir schon vorher gewusst. Was aber kann die Lektion einer solchen Untersuchung sein?

Um das besser zu verstehen, kann auf die Auseinandersetzung mit einem der prominentesten Bildungsdigitalisierungsgegner Manfred Spitzer verwiesen werden. Man muss Spitzer nicht mögen und seine Kritik an der Digitalisierung von Schulen geht vielleicht nicht einmal weit genug, aber seine Kritiker_innen machen es sich zu leicht und seine Bedenken lassen sich nicht einfach zerstreuen.

Forsche Digitalisierungsbefürworter_innen neigen dazu, einen Zusammenhang zwischen einer zu starken Nutzung von Smartphones und zu wenig Sport zu verneinen. Das allein ist ein interessanter Punkt. Er resultiert daraus, dass ein gesellschaftlicher Zusammenhang gar nicht mehr hergestellt wird. Für diejenigen, die einen solchen Zusammenhang zurückweisen, ist alles eine Frage der individuellen Entscheidung. Denn aus ihrer Sicht können sich Schüler_innen in jedem Augenblick dafür entscheiden, das Smartphone beiseite zu legen und Sport zu machen, ein gutes Buch zu lesen oder mit anderen Menschen zu sprechen. Das aber geht an der – vor allem für Bildungszusammenhänge – entscheidenden Frage vorbei.

Die Frage nach dem Subjekt, wie es entsteht, sich ändert, verändert, ist die Bildungsfrage schlechthin. In der Sprache der Digitalisierung könnte man fragen: Wo und wie wird das Subjekt heute eigentlich formatiert? Das heißt also, die Frage nach den Formen und Ergebnissen seiner Subjektivierung zu stellen. Nur, wenn es gelingt zu verstehen, was hier geschieht, und wenn es gelingt zu verstehen, was das mit einer sich verändernden Bildung zu tun hat, kann auch verstanden werden, wie mit der Digitalisierung umzugehen ist.

Die Diskussion um Spitzer verweist auf einen interessanten Punkt.[34] Als Gegenargument gegen Spitzer wird auf die schon genannte Metastudie der Technischen Universität München verwiesen, die nun als Bestätigung der Digitalisierungsnotwendigkeit herangezogen wird. Wie oben schon gesagt, zeigt sie auf, dass durchweg mit dem Einsatz von digitalen Medien bessere Lernerfolge erzielt werden können als ohne. Aber diese Aussage bleibt banal. Es mag weiterführend sein, dass es die Studie gibt, aber sie bestätigt lediglich all das, was auch ohne die Studie durch eine gute Lehrer_in zu wissen ist. Und sie zeigt auf, dass mit der Digitalisierung von Bildung da, wo diese Digitalisierung sinnbringend eingesetzt wird, keine neue Qualität entsteht. Eine Didaktik der Digitalisierung liegt damit noch immer nicht vor, eine neue Dimension von Bildung erst recht nicht. Wir verstehen die Prozesse nur, wenn die gesellschaftliche Dimension der Digitalisierung und damit die gesellschaftliche Dimension von Bildung in die Überlegungen und Kritik einbezogen werden.

Natürlich sind die Bedenken von Manfred Spitzer ernst zu nehmen. Er zeigt, dass die Digitalisierung in Schulen – anders als die Ergebnisse der Studie nahelegen sollen – zu einer Vereindimensionalisierung von Bildung führt. Dieser Prozess ist nicht monokausal auf die digitalen Medien zurückzuführen, sondern hat vielmehr mit einer Vereindimensionalisierung zu tun, für die die Ursachen in einem gesellschaftlichen Entwicklungsprozess zu suchen sind. In ihnen bildet sich die Entwicklung der kapitalistischen Gesellschaft selbst ab. In einer Gesellschaft, in der die Ökonomisierung alle Lebensbereiche und alle Lebensformen do-

---

34 Vgl. hierzu: Spitzer; Digitale Demenz, sowie https://www.deutschlandfunk.de/digitales-klassenzimmer-psychiater-wenn-kinder-nur-wischen.694.de.html?dram:article_id=412480 (13.08.2019) und weitere Beiträge im Deutschlandfunk.

miniert, müssen diese auch als Möglichkeiten der Kapitalverwertung bereitgestellt werden. Dies führt ebenso notwendig zu einer Verengung der Sichtweise. Fragen des Marktes, der das Instrument dieser Kapitalverwertung ist, stehen im Vordergrund. Die Frage des Marktes ist, in die Bildung übertragen, die Frage der Nützlichkeit, die Frage der Verwertung dessen, was gelernt wird. Diese ist zu einer geradezu selbstverständlichen Schüler_innenfrage geworden. Sie verengt den Blick auf all das, was als Möglichkeit zu einer Verwertung bereitsteht. Eine Gesellschaft zu verstehen, Zusammenhänge und Strukturen zu durchschauen ist aus dieser Perspektive nicht nützlich und die Schüler_innenfrage: „Was bringt mir das?" ist keine Seltenheit.

Die übliche Antwort auf das Problem scheint kritisch zu sein, bleibt aber dem Nützlichkeitsparadigma verhaftet und lautet zum Beispiel so: „Was folgt daraus? Menschen müssen nicht nur lernen, wie ein Smartphone funktioniert. Sie müssen vor allem lernen, wann es sich lohnt, dieses einzuschalten und wann es besser ist, dieses auszuschalten. Eine umfassende Medienbildung muss das Ziel sein. Hier sind die Schulen besonders gefragt."[35]

Wir halten diese Antwort für zu kurz gegriffen und schlagen einen Umweg vor. Auch wenn Lehrer_innen mit all dem, was ihnen durch die Digitalisierung abverlangt wird, klarkommen wollen, wenn sie in den neuen Anforderungen nicht untergehen wollen und wenn sie für ihre Schüler_innen – egal ob in der Grundschule, einem Gymnasium oder einem Berufskolleg – die Relevanz von Autonomie und Emanzipation für Bildungsprozesse nicht aufgeben, dann ist das Verständnis des größeren Zusammenhangs sowohl für ihre Schüler_innen als auch für sie selbst unabdingbar. Deshalb zunächst ein Blick in die Ökonomie.

---

35 Zierer, Warum der Fokus auf das digitale Klassenzimmer Unfug ist.

3. Ein Ausflug in die Ökonomie

„Die Arbeit erscheint nicht mehr so sehr als in den Produktionsprozeß eingeschlossen, als sich der Mensch vielmehr als Wächter und Regulator zum Produktionsprozeß selbst verhält."
(Karl Marx, Maschinenfragment)

3.1 Worum geht es?

Erinnern wir uns daran, welche Hoffnungen und Freiheitsversprechen an das World Wide Web geknüpft waren: freier kostenloser Zugang zu Information für alle. Der Kreativität waren keine Grenzen gesetzt und nicht zu vergessen, Arbeitserleichterung und Zeitersparnis im Wissenschaftsbereich schienen eine neue Epoche der gesellschaftlichen Entwicklung einzuleiten. Auf die Frage, was Globalisierung sei, antworteten die Schüler_innen ihren Lehrer_innen auch artig, man könne jetzt mit der ganzen Welt über das Internet problemlos kommunizieren. Wie schön das doch sei!

Schon damals vorgetragene Einwände, Globalisierung habe etwas mit wirtschaftlichen Verflechtungen und globalisiertem Kapitalismus zu tun, galten als Skeptizismus und Kulturpessimismus. Mittlerweile hat das kapitalistische Verwertungsmodell unter globalisierten Bedingungen mehr Profil gewonnen und einige Ernüchterung hinterlassen. Kernbestandteil der neuen Verwertungslogik ist die überall diskutierte Digitalisierung sämtlicher Lebensbereiche.

Im folgenden Abschnitt soll ein kurzer Streifzug durch die politische Ökonomie gemacht werden, um den Zusammenhang zwischen Digitalisierung und kapitalistischer Entwicklung aufzuzeigen. Wir wollen zeigen, dass die oben beschriebenen Freiheits- und Gerechtigkeitsversprechen nicht erfüllt sind, sondern im Gegenteil, sich ein neues Unterdrückungsmodell durchgesetzt hat, das uns weiter denn je von dem vom Gott des Exodus versprochenen „Land, wo Milch und Honig fließt", entfernt. Warum das hilfreich sein kann? Wir werden nicht in der Lage sein, uns außerhalb von Gesellschaft zu begreifen, wir werden auch nicht „Maschinenstürmerei" oder digitale Enthaltsamkeit predigen. Womöglich können wir uns alle der allgemeinen Zurichtung als angepasste Subjekte nicht entziehen, wie es auch den Menschen vor uns in ihrer jeweiligen Gesellschaft niemals möglich war, aber wir können uns bewusst zur Digitalisierung verhalten und sie im Kontext von kapitalistischer Verwertungslogik, deren Interesse es offensichtlich nicht ist, unser Leben freier, gerechter und gleichberechtigter zu gestalten, kritisieren. Der Traum einer Gesellschaft der Freien und Gleichen ist damit nicht ausgeträumt und der Kampf und die Auseinandersetzungen darum wird unter digitalisierten Bedingungen die nächsten Generationen in der Zukunft begleiten.

3.2 Digitalisierung und Kapitalismus

Im Folgenden beziehen wir uns überwiegend auf die Publikationen von Timo Daum[36], die wir hiermit allen Leser_innen als hilfreiche Lektüre und Einstieg ins Thema empfehlen wollen. Zu beachten ist, dass wir mit der Rezeption von Daums Analyse nicht auch automatisch seine politischen Konsequenzen vertreten. Außerdem ist uns bewusst, dass wir mit diesem Beitrag nur eine Anregung zur Auseinandersetzung geben können. Die Diskussion darum, wie der Kapitalismus – in dieser Allgemeinheit – sich unter den aktuellen Bedingungen neu formiert und welche Schlussfolgerungen daraus zu ziehen sind, ist voll im Gange und kann hier in keiner Weise vollständig abgebildet werden.

Beginnen wir mit der Frage an Karl Marx, ob er uns eine Hilfestellung geben kann. Marx schreibt zur Transformation von Wissen – er benutzt den Begriff der „Innovation" – in einer Fußnote: "Allgemeine Arbeit ist alle wissenschaftliche Arbeit, alle Entdeckung, alle Erfindung. Sie ist bedingt teils durch Kooperation mit Lebenden, teils durch Benutzung der Arbeiten Früherer."[37] Der zunehmende Einsatz von Technologie für den Verwertungsprozess, man denke an die technischen Erfindungen der Industrialisierung, wie sie uns allen bekannt sind, führe zu einer wachsenden Bedeutung des gemeinschaftlichen Prozesses in der Produktion, ohne dass sie auch kollektiv angeeignet würden. Die Aneignung geschieht privat. Diese gegenläufige Bewegung zieht sich durch die ganze Geschichte des Kapitalismus

Das allgemein verfügbare technologische Wissen ist integraler Bestandteil der kapitalistischen Produktionsweise. Durch das

---

36 Daum, Das Kapital sind wir, sowie ders., Die künstliche Intelligenz des Kapitals.

37 Marx, MEW 25, 114.

ihr innewohnende Prinzip des notwendigen Wachstums und dem damit verbundenem Streben nach Extraprofit, wenn der Konkurrent überflügelt oder vernichtet werden kann, ist ständig der Impuls gegeben, innovativ zu sein. Man will Kosten einsparen, vor allem am variablen Kapital, das heißt an den Lohnkosten. Lebendige Arbeit soll durch Maschinen ersetzt werden, heute sagen wir durch Algorithmen. Der Anteil des Wissens am Produktionsprozess steigt, während die individuelle Arbeitsleistung sinkt. Die konkrete Arbeit, die sich früher in einem Produkt vergegenständlichte, wird zunehmend zweitrangiger. Dieses gesellschaftliche Wissen als Produktivkraft nannte Marx „general intellect".

Doch dieser Impuls zur permanenten Innovation, so Daum, ist nicht das entscheidende Moment für kapitalistische Dynamik und Wachstum schlechthin. Innovation bleibt in diesem Sinne dem Kapitalismus nur äußerlich. Theoretisch kommt er auch ohne sie aus, zum Beispiel in Gestalt des Monopols, wenn der Markt kontrolliert ist. Kapitalismus ohne Konkurrenz und damit ohne den Zwang zur permanenten Erneuerung sei also grundsätzlich möglich. Das meint Daum, wenn er sagt, dass Innovation in der Arbeitswerttheorie keinen Platz habe.[38] Nach Marx entsteht „Wert" nur durch lebendige Arbeit, die in ein Produkt eingeht. Was nun?

Kommen wir also zum anderen wesentlichen Kernpunkt politischer Ökonomie, der Wertlehre. Marx entwickelt im Kapital grundsätzlich auf der Basis der Arbeitswertlehre von Adam Smith und David Ricardo seine „Entdeckung" des Doppelcharakters der Ware, ihren Gebrauchs- und ihren Tauschwert, und überträgt diese Struktur auf den Menschen, der seine Arbeitskraft verkaufen muss, um zu überleben. Die Arbeiter_in wurde

---

38 Daum, Das Kapital sind wir, 227.

im 19. Jahrhundert „frei" gesetzt von allen gesellschaftlichen Bindungen und seine oder ihre Arbeitskraft wird zur Ware, die den Mehrwert schafft, den die Besitzer_innen der Ware Arbeitskraft für sich einstreichen können. Gesellschaftlicher Reichtum entsteht durch lebendige menschliche Arbeitskraft. Der Wert einer Ware resultiert aus der konkreten menschlichen Arbeitskraft, die darin eingeflossen ist. Auf dem Markt wird dafür ein Preis erzielt, der den durchschnittlichen Wert der Ware Arbeitskraft berücksichtigen sollte. Hier realisiert sich auch der Profit, weil das, was die Arbeiter_in hinzugefügt hat, den Mehrwert bedeutet, der nun privat von den Besitzer_innen der Produktivkraft der Arbeiter_in abgeschöpft wird.[39]

Was geschieht, wenn der Anteil der lebendigen Arbeit immer geringer wird? Stellen wir uns einen Robot in der Automobilindustrie vor. Wird nicht der Wert des Produkts weniger, je mehr Technologie – general intellect – darin eingeht?

Marx schreibt in den „Grundrissen zur Kritik der politischen Ökonomie", im sogenannten Maschinenfragment[40]: „Sobald die Arbeit in unmittelbarer Form aufgehört hat, die große Quelle des Reichtums zu sein, hört und muss aufhören, die Arbeitszeit sein Maß zu sein und daher der Tauschwert [sein Maß] des Gebrauchswerts."[41] Für Daum bedeutet das: „Der Anteil allgemeinen Wissens wird zur dominierenden Produktivkraft in einer zunehmend automatisierten Fabrik."[42] Ausgehend von dieser Feststellung geht nun die Diskussion um den Stellenwert von digitalem Knowhow für den Produktions- und Wertschöpfungsprozess los. Während die eine Richtung behauptet, der Kapitalismus schaufe-

---

39 Ebd., 221.
40 Marx, MEW 42, 590-609.
41 Ebd., 601.
42 A.a.O., 222.

le sich nun sein eigenes Grab, weil er die Quelle des Mehrwerts nach Null verschiebt, gehen andere davon aus, dass der Kapitalismus sich eine neue Gestalt zu geben weiß, indem unterschiedliche Mechanismen der Wertproduktion zur Geltung kämen.[43] Daum rekurriert hier auf Christian Fuchs, der einen Überblick über diese Diskussion zu geben versucht. Seiner Meinung nach entwickelt das Kapital in seiner digitalen Ära neue Verwertungsarten. Daum nennt drei Spielarten:

1. eine monopolistische Aneignung von Wissen als Service im Allgemeinen,

2. eine Abkehr von Innovation und konkurrenzbedingtem Extraprofit hin zu Wissen als kontinuierlichem Rohstoff von Profit,

3. die Auflösung der Grenze zwischen Arbeit und Nichtarbeit als neue Quelle indirekter Ausbeutung, indem sämtliche Lebensäußerungen einer Verwertung unterworfen werden.

Die für unsere Fragestellung hier interessante These, unabhängig davon, welchem Aspekt man den Vorrang gibt, ist, dass sich neue Arbeitsformen herausbilden, die darauf zugerichtete Subjekte brauchen, also neue Subjektivitäten entstehen und insgesamt sich ein neues Akkumulationsmodell bildet.[44] Daum stellt hier die These von Tessa Morris-Suzuki zur Diskussion, dass lebendige Arbeit nur noch bei der Produktion von etwas Neuem Wert generiert, bei der Herstellung von schon bestehendem Wissen nicht mehr, das heißt Arbeit und Mehrwert steckt nur noch im Innovationsprozess. Die Konsequenz liegt auf der Hand: Es müssen ständig Innovationen geschaffen werden, da lediglich dadurch Kapitalverwertung umgesetzt werden kann. Das führt zu Folgendem: Wenn die Nutzung schon vorhandenen

---

43 Ebd., 224.
44 Ebd.

Wissens „wertlos" wird, geht es zunehmend darum, die Nutzer_innen bzw. die Konsument_innen zu kontrollieren. Wir können täglich beobachten, wie wir zu Kundenfeedback oder Fehlerberichten aufgefordert werden, um ständig im Modus der Optimierung zu sein. „Aus dieser Perspektive werden die Arbeitsstunden, die in die eigentliche Entwicklung etwa einer Software, aber auch eines Webangebots, einer Sharing-Plattform oder eines Suchalgorithmus geflossen sind, zur vernachlässigbaren Größe, verglichen mit der Arbeit der mitunter Millionen User beim Erlernen, Einüben, Verbessern, und täglichen Benutzen des Programms oder Services."[45]

Steht dies nicht im Widerspruch zur obigen Feststellung, dass Innovation nicht grundsätzlich Motor kapitalistischer Entwicklung sein muss? „Ist das noch Kapitalismus?", fragt Daum. Halten wir fest: Wissen wird in Kapital transformiert und auf jeden Fall bleibt deutlich erkennbar, dass es privat angeeignet wird. In unserem Alltag zeigt sich dies, wenn vorher staatliche oder zwischenstaatliche Einrichtungen ihre Dienste „externalisieren" (outsourcen), Software und IT- Infrastruktur von Unternehmen ausgelagert werden und irgendwelche neuen sogenannten „Dienstleister" die Aufgaben übernehmen. Spätestens jetzt stehen Gebühren ins Haus.[46]

Bei Google zum Beispiel sind nur ein paar Dutzend Menschen mit der Entwicklung des Algorithmus befasst, dem Produktionsmittel von Google. „Die User hingegen sind das eigentliche Proletariat in den digitalen Fabriken des Plattform-Kapitalismus [...] Die emsigen Bienen allerdings, das sind im Digitalen Kapitalismus nicht mehr die Arbeiter am Fließband, sondern die User, also

---

45 Ebd., 228.
46 Ebd., 225.

die Konsumenten, die Einzelnen, direkt an die Wissen-zu-Kapital-Transformationsmaschine Angeschlossenen. Die Userarbeit auf den Plattformen unterscheidet nicht mehr zwischen Arbeit und Freizeit, öffentlich und privat, Tag und Nacht: Das ganze Leben wird vom Kapital direkt verwertet, der Produktionsprozess beschränkt sich nicht mehr nur auf die Fabrik."[47] Das, was wir unter Arbeit verstehen, wird undeutlich und vermischt sich mit anderen Lebensbereichen. Auch außerhalb der Arbeit wird nun für das Kapital gearbeitet. Es saugt alle Lebensäußerungen ein, Aufmerksamkeit, Zeit, Gefühle, Kreativität, während der formalen Arbeit, in der Fabrik, in der Familie, beim Einkaufen. So entwickeln sich neue Subjektivitäten wie Freelancer oder Follower, alle, die sich auf den Plattformen tummeln.

Ist das noch Kapitalismus? Morris-Suzuki sagt ja, denn das entscheidende Kriterium bleibt bestehen: die Konzentration von Privateigentum in den Händen einer Minderheit. Durch den Prozess der Automatisierung entsteht ein neues System der Ausbeutung, indem die Ausbeutung alle betrifft, die an der „Schaffung und Prozessierung sozialen Wissens beteiligt sind. So nimmt sich das in den Grundrissen entworfene Szenario aus: Quelle des Profits ist die Aneignung akkumulierten Wissens und tradierter kollektiver Erfahrung."[48] Es dreht sich immer mehr um gesellschaftliches Wissen und dessen Verwertung. Darum ist Bildung im Kern von diesen Prozessen betroffen.

---

47 Ebd., 229.
48 Ebd., 230.

3.3 Das neue Subjekt

Wir ziehen Bilanz: Die sich verändernden Produktionsbedingungen machen selbstverständlich nicht vor unseren individuellen Lebensbedingungen halt, da sie unsere Lebensvollzüge verändern, unsere Wahrnehmungen verschieben, ja bis in die Tiefenstruktur unserer Psyche eindringen. Kapitalistische Politik ist darauf angewiesen, ökonomische, technische und soziale Bewegungen mit der Produktion von Subjektivität zu synchronisieren, dergestalt, dass politische Ökonomie und Subjektivitäts-Ökonomie zusammenfallen. „Immer wieder gelingt es dem Kapitalismus, neue Subjektivitäten mit sozioökonomischen Veränderungen zu synchronisieren."[49] Die Schule, die Medien, die Familie oder die Werbung sind solche Dispositive der Herstellung spezifischer Subjektivitäten. Der digitale Kapitalismus bringt den „prosumer" hervor, zugleich Konsument_in und Erzeuger_in von Daten auf den Plattformen. Die neuen Generationen haben ihr Konsumverhalten schon verinnerlicht: immer aktiv, immer vernetzt. Sie ziehen die Nutzung von Diensten dem Besitz von Waren vor. Hier entsteht das Heer von Mikro-Unternehmer_innen des eigenen Selbst, die diese Flexibilität der Arbeitswelt der „graue[n] Angestelltenwelt der großen Konzerne"[50] vorziehen. Dem steht eine diese Subjektivierung konterkarierende Unterwerfung gegenüber: die Unterwerfung unter die Maschinerie der Arbeit beispielsweise. „… die Revolution findet nur noch im Innern statt, das Erkennen der eigenen Wünsche und Sehnsüchte ermöglicht letztlich deren Erfüllung. So entsteht ein Individuum, das sich keiner Klasse oder Schicht mehr zugehörig fühlt, nicht mehr durch Geschlecht, Herkunft, Beruf definiert

---

49 Ebd., 179.
50 Ebd., 239.

ist, sondern einzigartig und mit Stil, Werten und Geschmack ausgestattet ist: Aus Revolutionär*innen werden Konsument*innen."[51] Die Menschen verkaufen nicht mehr ihre Arbeitskraft, sondern fühlen sich als Unternehmer_innen ihrer selbst.

Im Zentrum kapitalistischer Produktion geht es also nicht mehr um Verkauf von Waren und Dienstleistungen, sondern um die Organisation von Daten und Informationen[52], um den Zugang zu denselben und ihre Kapitalisierung. „Der Kapitalismus erfindet sich mal wieder neu, und er transformiert die Welt und uns gleich mit."[53] Fazit: Die Profiteure im digitalen Kapitalismus eignen sich öffentlich zugängliches Wissen an, um es zu reprivatisieren. Ständig entstehen neue Geschäftsmodelle. Die Global Player in dieser Branche haben mit universellen, kostenlosen Diensten im Bereich der Information teilweise öffentliche Dienste ersetzt oder vergleichbare Dienste geschaffen. Sie lösen diese Aufgaben mit Algorithmen und massiver Rechenleistung bzw. Speicherkapazität. Sie bilden Monopole (zum Beispiel Google) und kolonisieren frei verfügbares Wissen, um es zu verwerten. Am Ende stehen Informationsmonopole und nicht, wie man am Anfang frohlockte, freier und egalitärer Zugang zu Wissen. Es handelt sich um gewinnorientierte private Unternehmen, die die Funktion öffentlicher Einrichtungen ersetzen.

Daum stellt die These auf, dass der Kapitalismus zu seiner allgemeinen Ausprägung findet, indem eine Abkoppelung von Information von physischen Trägern stattfindet. Es handelt sich daher nicht um eine Krise des Kapitalismus, sondern um die Herausbildung eines neuen Akkumulationsmodells. Alte Industrien werden nach neuer Logik umgebaut, zum Beispiel im Verkehrs- und Ener-

---

51 Ebd., 184.
52 Vgl. Glossar.
53 A.a.O., 234.

giewesen. Sie werden zu informationstechnologischen Services und Dienstleistern. Etablierte Akteure in diesem Feld werden herausgekickt, Käufer_innen von Waren werden zu Usern von Services und Plattformen.

Daum kommt am Schluss zu einer Bewertung. Es geht nicht darum, diese Entwicklung in Grund und Boden zu verdammen, sondern ihre Defizite zu sehen und Kriterien der Beurteilung zu formulieren. Es geht um soziale Gerechtigkeit, Abschaffung der Armut weltweit, was für den Kapitalismus ein Leichtes wäre. Tut er aber nicht! Die Tatsache, dass einige wenige Konzerne die Verfügungsgewalt über Daten und Algorithmen haben, bedeutet eine ungeheure Machtkonzentration in ihren Händen. Schon heute ist es kaum möglich, dazu Konkurrenz aufzubauen. Die Diskussion, wie sich das kapitalistische Akkumulationsmodell der Zukunft aufstellen wird und wie es funktioniert, bordet im Moment zu Recht über.[54] Erst wenn wir darüber mehr Klarheit gewinnen und diese gesellschaftlich verallgemeinerbar sein wird, sind wir in der Lage, Gegenstrategien zu entwickeln. Es muss in der Zukunft darum gehen, diese Informationsversorgung zu vergesellschaften, zu regulieren und zu gestalten.[55]

Um dies tun zu können, müssen wir uns noch weiter in das Wesen der Digitalisierung begeben und Möglichkeiten sowie Grenzen von Algorithmen und Künstlicher Intelligenz hinterfragen. Wir fahren im Folgenden fort mit der Aufnahme von Überlegungen unseres Kollegen Kuno Füssel, der seine Auseinandersetzung von seinen Fachgebieten Theologie und Mathematik her durchführt.

---

54 Geeignet für einen ersten Überblick: Butello/Nuss (Hg.), Marx und die Roboter.
55 Ebd., 238.

4. Der Vormarsch der Digitalisierung

Die Erneuerung des Kapitalismus und Etablierung einer postmodernen Weltreligion – Eine kritische Beurteilung der Künstlichen Intelligenz und ihrer ideologischen Implikationen

4.1 Schöne neue Welt

Problemanzeige

Digitalisierung ist in aller Munde und füllt als Stichwort alle Medien. Was hat es mit der Digitalisierung und der Industrie 4.0 auf sich und was hat das mit uns zu tun? Die einen, wie die deutsche Industrie und die Bundesregierung, fördern und fordern sie, die anderen, wie zum Beispiel Arbeiter und Arbeiterinnen, aber auch ältere Menschen fürchten sie. Gut ausgebildete Facharbeiter_innen sehen eine Entwertung ihrer Qualifikation oder sogar ein komplettes Überflüssigwerden auf sich zukommen. Viele ältere Menschen bangen darum, ohne Smartphone nicht mehr mit Bus oder Bahn fahren oder an der Kasse im Supermarkt bezahlen zu können. Wissenschaftler_innen und Philosoph_innen – auch ich als Theologe – fragen sich, ob und ab wann digitale Maschinen Macht über uns Menschen gewinnen.

Daher sind wir um des Überlebens als autonome Menschen willen gezwungen, uns mit zentralen Fragen zu beschäftigen. Was steckt ökonomisch, technologisch und mathematisch hinter der Digitalisierung? Was sind eigentlich die ehrfürchtig als allmächtig eingestuften Algorithmen? Was bedeutet „Künstliche Intelligenz"? Was können Roboter und wo sind ihre Grenzen? Welche Interessen und Zwänge treiben die Wellen der Digitalisierung an, die fast alle Lebensbereiche einschließlich der Familie und der Schule überfluten?

Vor allem aber interessiert mich als Theologe der sich als unaufhaltsam inszenierende Vormarsch der Digitalisierung als Religion. Diesen Aspekt möchte ich daher in meinen Überlegungen mehrfach unter die Lupe nehmen.

Wie gestaltet sich der öffentliche Diskurs über Digitalisierung?

Die TV Beilage der Tageszeitung RZ (Rheinzeitung) hatte am 15.06.2019 eine Serie unter dem Titel „Digitales Leben" gestartet, die durch ein Interview mit der Digitalisierungs-Beauftragten der Bundesregierung, Staatsministerin Dorothee Bär, eröffnet wurde. Die Basisthese lautet: „Kommunikation verändert sich: persönliche Gespräche und Telefonate werden weniger, selbst an Stelle einer Mail werden oft Messenger-Dienste benutzt."[56] George Orwell würde sich im Grab die Augen reiben. Unverhohlen wird uns klargemacht, dass es kein Entrinnen mehr aus dem Gefängnis der Digitalisierung gibt. Frau Bär, eine veritable Digitalisierungsmissionarin, fährt schweres Geschütz auf: „Die jüngeren

---

56 Prisma, Beilage RZ, 15.06.2019, 4.

Generationen erwarten doch zurecht von unserem Land, [...] das in sehr vielen Bereichen Weltmarktführer ist, dass wir uns beständig weiterentwickeln. Und sie erwarten auch, dass wir nicht fertig werden. Denn das gehört zur Digitalisierung dazu: Wir werden damit nie fertig sein, weil es immer neue Anwendungen und Entwicklungen gibt. Deshalb müssten wir alle im Grunde noch mehr Hunger darauf haben und noch mehr Antreiber bekommen."[57] Wir werden gefangen genommen, angeblich freiwillig durch unsere eigenen Interessen. Die Sklav_innen der Antike wussten, dass sie Sklav_innen waren, und sie waren es nicht freiwillig; aber wir sollen einer neuen Form der Sklaverei zustimmen und Unternehmer_innen unseres eigenen Untergangs werden, denn über unsere Zukunft bestimmen wir nicht mehr selbst, sondern die Algorithmen der Kapitalbesitzer_innen.

Walter Benjamin hat schon 1921 mit großer Klarheit festgestellt: „Der Kapitalismus ist eine Religion". Derzeit schickt sich diese kapitalistische Religion in Gestalt der Digitalisierung als Weltreligion an, in ein neues unvermutet effizientes Stadium einzutreten. Um dieses Update, um einen Lieblingsbegriff der Digitalisierung zu verwenden, zu kennzeichnen, teilen wir später noch einige Beobachtungen mit.

---

57 Ebd., 5. Diese Beobachtung macht Gilles Deleuze schon 1990: „In den Disziplinargesellschaften hörte man nie auf anzufangen (von der Schule in die Kaserne, von der Kaserne in die Fabrik), während man in den Kontrollgesellschaften nie mit irgend etwas fertig wird: Unternehmen, Weiterbildung, Dienstleistung ..." (Deleuze, Kontrollgesellschaft).

4.2 Einige Grundbegriffe

1. Das neue Zauberwort unserer Zeit heißt „Künstliche Intelligenz" (KI) bzw. „artificial intelligence". Was aber bedeutet „Intelligenz" in dieser Begriffskombination?[58]

2. Neben riesigen Datenmengen und stets verbesserten Rechnerleistungen und Geschwindigkeiten ist eine dritte Größe entscheidend für den Erfolg des digitalen Kapitalismus: die Algorithmen. Sie sind das entscheidende Produktionsmittel neben den Daten als zentralem Rohstoff und der Information als Ware Nummer eins. Was müssen wir unter einem Algorithmus verstehen?[59]

3. Immer mehr wird von „lernenden Maschinen" gesprochen. Doch was heißt hier lernen? Welche Lernkonzepte kommen zum Zug? Wie und was lernen Maschinen?[60]

Wir möchten auf diese drei Grundfragen pointiert, aber selektiv eingehen. Für ein intensiveres Studium der hochbrisanten Problematik sei auf die explosionsartig sich vermehrende Literatur verwiesen.[61]

---

58 Daum, Die Künstliche Intelligenz des Kapitals, 26-30.

59 Daum, Das Kapital sind wir, 56-71.

60 Daum, Die Künstliche Intelligenz des Kapitals, 51-59 und Lenzen, Überblick über das maschinelle Lernen, 50-52.

61 Stellvertretend seien erwähnt: Daum, Die Künstliche Intelligenz des Kapitals; Eberl, Smarte Maschinen; Lenzen, Künstliche Intelligenz; Zuboff, Das Zeitalter des Überwachungskapitalismus.

Definitionsversuch und Fragen zur KI

Wer die gängigen Lexika wie zum Beispiel den Duden konsultiert, wird für Intelligenz folgendes Definitionsangebot finden: „Die Fähigkeit [des Menschen], abstrakt und vernünftig zu denken und daraus zweckvolles Handeln abzuleiten."[62] Wir sprechen im Alltag und in der Wissenschaft, weiter ausgreifend als diese allgemeine Definition, von logischer, mathematischer, räumlicher, sprachlicher, emotionaler und sozialer Intelligenz. Welche von diesen ist gemeint, wenn von KI die Rede ist? Zudem stellt sich sofort die weitergehende und heute in den Vordergrund tretende Frage, ob die vor allem bei der KI implizit angesprochenen Fähigkeiten des Verstehens, des Lernens und des Schlussfolgerns messbar und damit quantifizierbar sind? In fast allen Bereichen des Lernens und der Überprüfung der genannten Fähigkeiten gibt es heute Tests, die genau dies unterstellen.

Berühmt und teilweise auch irreführend ist der sogenannte Intelligenzquotient, der das Ergebnis der Untersuchung in einer Zahl festhält, zum Beispiel 130, was schon als Kennzeichen für hochintelligent gilt. Wer sich jedoch den Aufbau der Tests und ihre Aufgabenstellungen genauer ansieht, wird erkennen, dass es weitgehend um das Verstehen und Kombinieren komplexer Zeichenanordnungen, angefangen bei Zahlen und Buchstaben und endend bei Begriffen, nicht aber um komplexes Wissen und seine Anwendungen geht. Dieses Framing gestattet daher keine Ableitung einer sowohl formalen Analyse als auch Messung und Reproduktion von Intelligenz erlaubenden kohärenten und widerspruchsfreien Konzeptionen.[63]

---

62 Daum, Künstliche Intelligenz, 26.
63 Roth, Bildung; Roth ist aber bei der Beurteilung der Tests, verglichen mit seiner generell sehr kritischen Haltung, auffallend wohlwollend.

Einer der Pioniere der KI-Forschung, Marvin Minsky[64], kritisierte schon am Anfang den Begriff der „Künstlichen Intelligenz" als einen „Kofferbegriff", in den man alles hineinpacken kann, was man unterwegs braucht.

Hier kann keine umfassende Diskussion des Begriffes „Intelligenz" vorgenommen werden. Meine These lautet: Maschinen können nur imitieren, aber nicht nach dem „Warum" ihres Arbeitens fragen. Insofern gibt es keine intelligenten Maschinen.

Einer der wichtigsten Vordenker der KI, der geniale englische Mathematiker und Codierungsspezialist Alan M. Turing (1912-1954), der sich auch das Grundmodell eines Computers ausgedacht hat, hat die Frage, ob Maschinen denken können, in einem wegweisenden Artikel von 1950 behandelt.[65] Mit Hilfe eines Imitationsspiels hat er zu klären versucht, ob es eine Situation geben kann, in der Mensch und Maschine nicht mehr unterscheidbar sind. In seinem Spiel sollten die menschlichen Gesprächsteilnehmer_innen herausfinden, ob die Antworten auf ihre Fragen von einem Menschen oder einer Maschine, die beide nicht sichtbar waren, gegeben wurden. Sollte dabei die Maschine nicht mehr von menschlichen Gesprächsteilnehmer_innen unterscheidbar sein, hieße das, dass Maschinen menschliches Verhalten nachahmen können, was A. Turing aber nicht als „denken" bezeichnen wollte.

---

64 Vgl. Minsky, Künstliche Intelligenz, 1966, 191-208.
65 Turing, Computing Machinery and Intelligence (dt. Ü. vgl. im Literaturverzeichnis).

Was kann KI und wo sind ihre Grenzen?

Keine andere Fähigkeit des Menschen ist so weit davon entfernt, künstlich, d.h. durch eine Maschine realisiert zu werden, wie das bewusste Erkennen und Erleben, das dann seinen höchsten Ausdruck in der Sprache findet. Das reflexionsfähige und sich selbst transzendierende Sprachvermögen sollten wir daher als die hervorragende Kennzeichnung der menschlichen Intelligenz ansehen, was noch lange nicht heißt, dass es nicht Maschinen gibt, die Teile der menschlichen Intelligenz, also zum Beispiel die Bearbeitung eines mathematischen Problems und seine Lösung, nachahmen können und dann dabei so gut und so schnell werden, dass wir als Menschen nicht mehr mit diesen Maschinen konkurrieren können.

Eine Maschine muss nicht wissen, was sie tut und warum sie es tut, sie muss nur können, was sie tun soll und dies möglichst fehlerfrei. Es ist im Grunde ganz einfach, dies sei gegen das überhandnehmende Komplexitätsgeschwätz gesagt: Die Eigenschaft „intelligent" wird einer Maschine dann zuerkannt, wenn sie das Problem lösen kann, wozu sie gebaut wurde. An eine höhere Form der Intelligenz im Sinne einer Verknüpfung von kognitiver, emotionaler und sozialer Kompetenz ist hier nicht gedacht.[66]

Davon zu sprechen, dass die Maschinen uns überlegen sind, ist außerhalb dieses Vergleichs einfach unsinnig. Eine Maschine soll uns helfen, unsere Arbeit besser und schneller zu erledigen. Wenn ich als Mathematiker eine noch unbekannte Primzahl berechnen will, dann brauche ich dazu möglicherweise einige Tage. Wenn ein maschinelles Supergehirn das in ein paar Stunden schafft, dann ist dies eine unschätzbare Hilfe und ich wäre

---

66 Zum ganzen Problembereich vgl. Gardner, Intelligenzen.

schlecht beraten, wenn ich mich deswegen schämen würde. Kurz und knapp: Die Überlegenheit der Maschine in dieser Hinsicht toll zu finden, das kann nur der Mensch in seiner Urteilsfähigkeit, die Maschine kennt das Problem überhaupt nicht und ist daher auch im menschlichen Sinne nicht intelligent.

Der Algorithmus

Zentral für die ganze Diskussion und Forschung über KI ist von Anfang an der Begriff Algorithmus, der eine dominante Größe des Digitalisierungsdiskurses ist. Zunächst einmal aber sind Algorithmen gar nicht so mächtig und geheimnisvoll, wie immer vorgegeben wird.

Eine Definition des Algorithmus, vor allem des linearen Algorithmus, ist relativ einfach zu gewinnen, wenn wir uns von den Grundkenntnissen aus dem Rechenunterricht der Grundschule leiten lassen, es sei denn, wir wissen nicht mehr, wie man mit Bleistift und Papier eine Multiplikation zum Beispiel 47 x 85 ausführt und müssen dazu schon den Taschenrechner auf dem Handy benutzen. Dann kann man aber den Algorithmus nicht mehr erkennen, ebenso wenig kann man überprüfen, ob das Ergebnis stimmt oder ob man sich beim Eingeben der Zahlen vertippt hat.

Halten wir als Leitdefinition fest: Ein Algorithmus ist eine Vorschrift, die angibt, wie man durch Ausführung einer endlichen Anzahl von elementaren Operationen, ausgehend von einem Anfangszustand, ein Ziel, d.h. die Lösung des gestellten Problems erreicht. Ganz banal ist auch ein Kochrezept schon ein Algorithmus, auch wenn er sehr speziell und nur für Einzelfälle gültig ist und nicht für alle Fälle gilt wie beim Rechnen. Für das Kochen einer Suppe brauche ich ein anderes Rezept als für das Backen eines

Kuchens. Auch die linearen Algorithmen sind nicht alle so einfach gestrickt wie die erwähnte Rechenvorschrift. Es gibt kompliziertere, vor allem geometrische Algorithmen, die man benötigt, um einen Roboter unfallfrei durch eine mit Hindernissen bestückte Fabrikhalle vom Start zum Ziel fahren zu lassen. Schließlich stellen nicht-lineare Prozesse auch die Programmierer_innen der Algorithmen vor neue Herausforderungen, wobei dann die einfache Boolsche-Algebra durch die Wahrscheinlichkeitstheorie, vor allem die Statistik von Bayes ersetzt werden muss.

Lernende Algorithmen und Maschinelles Lernen (ML)

In der Industrie und bei den Internet-Plattformen ist daher alles nicht mehr ganz so einfach. Um eine optimale Lösung zu finden, brauchen die Maschinen, ob Computer oder Roboter, entsprechende Programmierungen bzw. Algorithmen, was bis auf geringfügige Details das Gleiche meint. Aber anders als bei der klassischen Form der Algorithmen, wo wir uns nur bewusstmachen müssen, dass wir es hier mit Ausführungsvorschriften – wie beim Rechnen – zu tun haben, basiert das sogenannte „maschinelle Lernen" auf der Verwendung von höherstufigen Algorithmen, die man auch gerne „lernende Algorithmen" nennt. Was ist gemeint? Diese Algorithmen gewinnen ihr Ergebnis nicht durch Abarbeiten einer Rechenvorschrift nach endlich vielen Schritten. Bevor sie im Stande sind, ihr Problem zu lösen, müssen sie erst einmal trainieren, was sie erkennen sollen und wie der Weg aussieht, um die Lösung zu finden.

Am Beispiel der Identifikation des Erkennens einer Katze in einer Menge von Bilddaten kann das Verfahren kurz verdeutlicht werden. Durch das Bearbeiten einer riesigen Menge von Beispieldaten gewinnt der Algorithmus ein Set von Merkmalen, die das Muster „Katze" ergeben.[67] Bei jedem Trainingsschritt, ich spreche nur ungern von Lernschritten, steht ein anderes Merkmal im Fokus. Dabei erfolgt eine systematische Erweiterung; zum Beispiel wird zunächst gefragt: Ist das ein Kreis, dann: ist das ein Auge und so weiter. Am Ende hat der Algorithmus nach einem Training an vielen tausend Katzenbildern gefunden, was ein Auge, was ein Ohr, was eine Nase, was ein Fell und so weiter ist, kombiniert dann diese Merkmale zum Muster „Katze" und macht anschließend eine Qualitätskontrolle: Ist meine Prognose richtig?

Die Verfahren, welche Computerfachleute für solche Problemfelder entwickelt haben, orientieren sich an der Funktionsweise unseres Gehirns. Man baut sogenannte neuronale Netze auf, das heißt, es werden sehr viele Schichten künstlicher Neuronen auf komplizierte Weise miteinander verknüpft. Je mehr Schichten solcher Neuronen übereinandergelegt werden können, desto „tiefer" sind diese Netze. Den Einsatz solcher Netze bezeichnet man dann als „deep learning". Bei unserem Beispiel der Katzenerkennung wurde ein Netz mit zwei Milliarden Neuronen verwendet.[68]

Unumgänglich ist hier die Formulierung einer prinzipiellen Kritik, denn es liegt eine radikale Reduktion der Lernfähigkeit allgemein auf die Fähigkeit von Algorithmen im Besonderen vor. Alle Probleme werden eliminiert, die nicht durch Algorithmen gelöst werden können. Menschliches, körperlich verankertes Lernen setzt eine eigenständige Geistesarbeit, vor allem auch die Tätigkeit des Gehirns voraus. Die Lern- und Gedächtnisforschung

---

67 Eberl: Von Katzen und lernenden Maschinen, 28-32; ders., Smarte Maschinen.

68 Zum Stichwort „deep learning", vgl. Bild der Wissenschaft Spezial, 28; sowie: Görz, Künstliche Intelligenz, 114-120, Knoll/Christaller, Robotik 71-98; Daum, Künstliche Intelligenz, 50-61; Lenzen, Künstliche Intelligenz, 34-79.

kommt zu der Erkenntnis, dass man einen Sachverhalt desto besser lernt und das Ergebnis behält, je tiefer man diesen Sachverhalt geistig bearbeitet hat. Auf die geistige Tiefe kommt es an, nicht auf die milliardenhafte Stapelung von künstlichen Neuronen. Eine stillschweigende Umkehrung der Verhältnisse wird bei der Verwendung des Ausdrucks „deep learning" vorgenommen. Es wird unterstellt, dass der Rechner durch die Übereinanderschichtung der künstlichen neuronalen Netze das vollbringt, was an sich die Arbeit des denkenden Menschen ist. Das ist prinzipiell nicht tadelnswert, vor allen Dingen dort, wo es um stumpfsinnige Arbeiten geht. Aber auch dort fehlt beim arbeitenden Menschen der Lerneffekt wegen der geringeren Beanspruchung oder gar Ausschaltung seines eigenen Gehirns. Auf eine bedrohliche Konsequenz sei hier hingewiesen: Was Maschinen nicht lernen können, würde auch der Mensch bald nicht mehr lernen. Nur die Fähigkeiten des Menschen, die ein Computer (stellvertretend genannt für alle Maschinen der KI) imitieren kann, werden dann noch bei der Definition des Menschen berücksichtigt. Also besteht die eigentliche Gefahr nicht darin, dass der Computer dem Menschen überlegen wird, sondern dass der Mensch werden soll wie ein Computer.[69]

Auf den oben genannten Gebieten des sogenannten nicht-überwachten und überwachten Lernens und des „deep learning" wird derzeit mit Hochdruck geforscht und experimentiert. Da es dabei vor allem um das Verwertungsinteresse des Großkapitals geht und nicht so sehr um wissenschaftlichen Fortschritt, handelt es

---

[69] „Ich werde manchmal gefragt: Fürchte ich, dass wir menschenähnliche Roboter haben werden? Nein! Na ja, doch, ein bisschen. Aber ich fürchte mich, wie viele roboterähnliche Menschen wir haben." (Video „Rebel at work"; Joseph Weizenbaum in einem Vortrag als Gast am „Tag der Informatik" der Universität Erlangen, 2007)

sich bei den neuen komplizierten Algorithmen um streng gehütete Betriebsgeheimnisse, was es uns Betroffenen nahezu unmöglich macht zu überprüfen, ob Diagnosen zum Beispiel in Wirtschaft oder Medizin zutreffen, welchen Vorteil sie haben oder welchen Schaden sie anrichten können.

Eine besonders ambivalente Situation entsteht derzeit durch die Digitalisierungswelle, die auf die Schulen zurollt. Dabei wird durch den lauthals hinausposaunten Slogan „Es kommt das Ende der Kreidezeit" völlig ausgeblendet, welche verheerenden didaktischen Folgen eine Ausstattung auch der ganz jungen Schüler und Schülerinnen zum Beispiel mit Tablets nach sich zieht, wobei der unbestreitbare Nutzen digitalisierbarer Lernprozesse in der Schule nicht abgestritten werden soll.

Wenn aber nur noch auf die elektronischen Geräte wie iPad und Tablet u.a. übertragen wird, was die Lehrer_in zum Beispiel an mathematischen Beweisen an der meinetwegen interaktiven Tafel vorführt, dann sehen die Schüler_innen zwar das Ergebnis, müssen dieses aber nicht mehr aktiv erarbeiten. In den geisteswissenschaftlichen Fächern und erst recht im Fach Religion potenzieren sich die Probleme noch. Wer mit Papier und Bleistift arbeitet, lernt anders als der schnelle Tastendrücker, denn er muss mehr körperliche und geistige Fähigkeiten mobilisieren.[70]

---

[70] Noch einmal sei verwiesen auf die mahnenden Zwischenrufe von M. Spitzer.

4.3 Spezielle Ideologiekritik

Auf welcher Ebene und mit welchen Grundfragen sollen wir das technische Artefakt Roboter und das Phänomen seiner wachsenden Präsenz in fast allen Dimensionen unseres Lebens vom Einsatz in der Fabrik über die Pflege und die Medizin bis hin zum Kindergarten analysieren und bewerten? Welche Konsequenzen sollen wir aus den gewonnenen Ergebnissen ziehen? Welche weitergehenden Fragen müssen gestellt werden, um eine rationale Bewertung der Entwicklung der Robotik vorzunehmen und dabei einerseits zu vermeiden, einer kritiklosen Verklärung, andererseits einer von Ängsten gesteuerten Verdammung auf den Leim zu gehen?

Ein theologischer Zwischenruf

Früher haben die Theologen und Theologinnen in der Exegese im Anschluss an Rudolf Bultmann ein Entmythologisierungsprogramm für biblische Texte entwickelt. Heute dagegen ist es dringend nötig, eine auf den angeführten Erkenntnissen aufbauende gründliche Entmythologisierung der Algorithmen durchzuführen, damit diese nicht zu neuen Götzen oder neuen Dämonen werden, sondern das bleiben, was sie sind: nützliche Instrumente zur verlässlichen Lösung formalisierbarer Probleme. Denn die Anbetung Gottes wird immer mehr durch die Anbetung der Algorithmen abgelöst, die eine neue Maschinengöttlichkeit repräsentieren. Diese Anbetung bildet das Herzstück der umfassenden Digitalisierung als Religion.

Der amerikanische Philosoph Fred Dretske schrieb bereits 1981 völlig gedankenlos und zugleich überheblich: „Am Anfang war die Information. Das Wort kam später."[71] Ohne seine Anleihe beim Prolog des Johannes-Evangeliums explizit zu kennzeichnen, wo steht: „Im Anfang war das Wort (der Logos)", offenbart er nur seine Unkenntnis der Bedeutung des Begriffes Logos, der sogar den modernen Begriff der Information umspannt und diese als Ordnungsprinzip von Welt erst ermöglicht, vor allem wenn wir die Definition von Information bei Claude E. Shannon mit Hilfe der Entropie zugrunde legen.[72]

Die Zerstörung der Sprache

Vor allem die Sprache gehört zu den Hauptopfern der euphorischen Digitalisierungsoffensive. Dies wird nicht nur belegt durch die rigorose Reduktion dialektischen Denkens auf eine eindimensionale binäre Logik und die Produktion eines digitalen Subjekts, sondern zeigt sich auch in einer gedankenlosen Verwendung der Ausdrücke analog und digital. Mittlerweile werden die computertechnischen Begriffe analog und digital auf gesellschaftliche Kommunikationsformen übertragen, besonders in Talkshows[73]. Die Begriffe werden ideologisch übergestülpt, ohne kommunikationstheoretische und sprachlogische Reflexion. Wenn ich nicht besonders digital-affin bin, dann bin ich wohl unheilbar analog! Die traditionellen Kommunikationsformen als analog zu bezeichnen, weil sie nicht digital sind, ist schlichter Unsinn. Hier wird einfach ausgeblendet, dass die Differenz von analog und digital ursprünglich vor allem auf Rechenvorgänge und Rechenwerke bezogen wurde. Ich rufe daher in Erinnerung: Im Unterschied

---

71 Dretske, Knowledge and the Flow of Information, VIII.
72 Vgl. hierzu bes. Feustel, Am Anfang war die Information, 56-66.
73 Vgl. Maybritt Illner, ZDF, 13.06.2019, 22:15 Uhr.

zum Digitalrechner, der diskrete Ziffern verarbeitet, arbeitet ein Analogrechner mit im allgemeinen stetigen physikalischen Größen wie Spannungen und Strömen. Es ist hier nicht der Ort, einen detaillierten Vergleich von Analogrechnern und Digitalrechnern vorzunehmen. Aber auch ohne dies ist einsichtig, dass es unsinnig ist, unsere traditionellen Kommunikationsformen analog zu nennen, um sie von der Digitalisierung abzugrenzen. Selbst metaphorisch ist das ein totaler Missgriff.

Sogar ein gelehrter und kenntnisreicher Forscher wie Peter Gerjets vom Leibniz-Institut für Wissensmedien in Tübingen stellt die – im ersten Teil seiner Äußerung banale, aber im zweiten Teil erklärungsbedürftige – Behauptung auf: „Lesen und Lernen im Internet ist anders als im Buch. Das liegt daran, dass digitale Texte andere Funktionalitäten enthalten, als analoge, gedruckte Texte.“[74] Auch im Internet besteht der Text auf dem Bildschirm nicht aus Zahlen, sondern aus Symbolen, nämlich Buchstaben. Eine Entgegensetzung, welche auf Ablenkung hinausläuft und damit die unterschiedliche Funktionalität untermalen soll, stellen angeblich die Links zum Weiterklicken dar. Aber auch traditionelle Texte enthalten Links. Man nennt sie in der herkömmlichen Wissenschaft Fußnoten oder Anmerkungen. Keine Wissenschaftler_in fühlte sich bisher von ihnen abgelenkt, sondern es wurde seine Neugier geweckt.

Mensch und Maschine

Immer häufiger werden Roboter mit menschlichem Aussehen in der Öffentlichkeit präsentiert. Eine nach den bekannten Schön-

---

74 RZ 159, 6.

heitsidealen konstruierte Roboter-Frau hielt schon 2017 einen Vortrag vor der UNO und bekam danach von Saudi-Arabien die Staatsbürgerschaft angeboten.[75] Die Übertragung menschlicher Eigenschaften auf Maschinen, vor allem auf die bezeichnenderweise Androiden[76] genannten Roboter, sollen diese für uns akzeptabel machen.

Warum und wer profitiert davon? Die Leistungsfähigkeit der Maschinen spricht doch für sich. Sie müssen nicht „aufgehübscht" oder „humanisiert" werden. Daher ist zu vermuten, dass es um die Verkaufserfolge der entsprechenden Hersteller geht. Besonders in Japan wird der Einsatz in vielen Bereichen des alltäglichen Lebens auf der Basis der Ausstattung der Roboter mit menschlichen Zügen und Verhaltensformen erfolgreich vorangetrieben. Aber auch Frau Merkel setzte ein kindliches Lächeln auf, als ihr beim Besuch der Elektronik-Messe ein niedlicher humanoider Roboter das „Händchen" gab. Die Akzeptanz von Androiden und sogar die Entwicklung liebevoller Beziehungen zu ihnen findet in Japan vor allem dort eine weltanschauliche Unterstützung, wo der Shintoismus noch Einfluss hat, denn für diesen sind auch außermenschliche Wesen bis hin zu Figuren, Artefakten etc. mit einer, analog unserem Seelenverständnis, psychisch-geistigen Dimension ausgestattet.

Solange jedoch noch kein flächendeckender Absatz von Androiden in Sicht ist, muss es zunächst noch stärkere Motive und Interessen geben als die Gewinnabsicht und Kapitalverwertung. Es scheint insbesondere die doppelte Möglichkeit zu sein, menschliche Arbeitskraft zu ersetzen, vor allem da, wo sie knapp und teuer ist wie bei der Pflege, darüber hinaus, weil Roboter weniger

---

75 Vgl. Bild der Wissenschaft, Sonderheft 2018.
76 Vgl. Glossar.

Ansprüche stellen als Menschen und keine Arbeitskampfgelüste und Organisationsbedürfnisse haben.

Die Beziehung Mensch und Maschine tritt dabei aber an die Stelle der Beziehung der Menschen zueinander, wobei natürlich als erstes die Dimension der Emotionalität verloren geht, was offensichtlich durch das freundliche Lächeln und das sich Verbeugen der niedlichen Androiden überspielt werden soll.

Die Androiden haben keine Seele, wie immer man diese Größe anthropologisch, psychologisch und theologisch definieren mag. Wer beim Begriff Seele zu einer gewissen Ablehnung neigt, dem kann ich sowohl eine Relektüre des Werkes „De anima" von Aristoteles oder auch zeitnaher des Meisterwerkes von Jean Luc Nancy „Corpus"[77] empfehlen. Roboter können keine Empathie und insbesondere kein Verständnis für das Leiden anderer Menschen entwickeln, weil für sie ihr Gegenüber gar kein anderer ist. Maschinen leiden nicht, sie gehen nur kaputt. Ich habe den bösen Verdacht, dass auf diesem kalten Wege das Leiden überhaupt unsichtbar gemacht und damit „aus der Welt geschafft" werden soll, womit diese neue Religion in der Beantwortung der Theodizeefrage schon nach kurzer Zeit erfolgreicher wäre als die Theologie der letzten dreitausend Jahre.

Die Zwischenmenschlichkeit als der entscheidende Ort des Vollzugs des Menschseins geht damit nach und nach verloren, gleichzeitig wird die Konzeption des Menschseins überhaupt verändert. Der Mensch als solcher wird zur digitalen Rechenmaschine oder zu einem besonders attraktiven Roboter.

Aber es kommt noch schlimmer. Die US-amerikanische Science-Fiction-Serie Westworld bringt es auf den Punkt: „In Wahrheit besteht ein Mensch nur aus einem kurzen Algorithmus von

---

77 Nancy, Corpus.

10247 Zeilen"[78], womit wohl auf das menschliche Genom angespielt wird. Am Ende dieser drohenden Entwicklung steht eine Maschine namens Mensch. Dagegen sollten wir uns mit allen Kräften wehren.

Ein neues Buch vom Redakteur der Süddeutschen Zeitung Adrian Kreye trägt denn auch den imperativen Titel: „Macht euch die Maschinen untertan!"[79] Auch hier findet eine Anleihe bei einem Text der Bibel, der Schöpfungsgeschichte des Buches Genesis, statt, wo es heißt: „Macht euch die Erde untertan!" Nun sollten wir aber gerade dabei beherzigen, wie problematisch sich oft eine herrschaftliche Auslegung dieses Satzes in der Geschichte ausgewirkt hat. Der zitierte Buchtitel enthält durchaus seine eigenen Mucken. Er reproduziert nämlich unbewusst durch den Ausdruck „Untertan" die Auffassung, dass ein Roboter doch ein dem Menschen analoges Wesen ist, das beherrscht werden sollte oder dem man sich unterwerfen muss. Somit projizieren wir aus den bewussten Sorgen und verständlichen Vorbehalten auf den Roboter die negativen Seiten unseres eigenen Wesens, die sich dann in einer Maschine verewigen können.

Was nun?

Sollen wir jetzt jammern oder fluchen über den „smarten" Vormarsch von Digitalisierung als Religion, über die dabei stattfindende Kolonisierung aller Lebensbereiche, die brutale Enteignung der traditionellen religiösen Sprache, die heimlich-unheimliche Transformation unserer selbst in nützliche digitale Idioten? Und

---

78 Westworld, Serie (2018, HBO), zitiert nach Feustel, Am Anfang war die Information, 134.

79 Kreye, Macht Euch die Maschinen untertan.

schließlich über die Unterwerfung unter den Überwachungskapitalismus als ultimativer Wirklichkeit?

Unabdingbar ist auf jeden Fall: 1. Sich so gut es geht, über alles zu informieren, 2. die Verhältnisse zu analysieren, 3. sich „intelligent" zu wehren und nach Möglichkeit den Aufbau einer Gegenmacht zu versuchen.

Zu Letzterem brauchen wir aber vor allem riesige Datenmengen, superschnelle Rechner und unbekannte Algorithmen. Doch wer gibt uns das Geld dazu? Wir bräuchten Milliarden, um Amazon, Google und Konsorten Paroli bieten zu können.

Eine Aufforderung, die an die christlich-jüdische Tradition anknüpft, soll hier formuliert werden, auch wenn sie in den Ohren mancher Zeitgenossen möglicherweise altertümlich und überholt klingt: Bleiben wir standhaft und selbstbewusst in der Nachfolge des Messias Jesus von Nazareth, statt zu blinden Followern (eine perfide Transformation des Wortes Nachfolger) der pausenlos zwitschernden (Twitter) „intelligenten Maschinen" zu werden. Zerreißt die Ketten der Digitalisierung und übernehmt die Macht im Reich der Algorithmen.

5. Digitalisierung des Lernens

„Es ist, als ob Denken selbst auf das Niveau industrieller Prozesse reduziert worden wäre, einem genauen Plan unterworfen – kurz, zu einem festen Bestandteil der Produktion gemacht." (Max Horkheimer 1946)[80]

Auf ganz andere Weise findet sich der Algorithmus im Strategiepapier der Kultusministerkonferenz wieder. Auch für dieses Papier steht der Algorithmus an einer zentralen Stelle. Was soll hier gelernt werden? Geht es im Sinne der vorherigen Überlegungen und Stellungnahmen der KMK darum zu durchschauen, welche Bedeutung Algorithmen bekommen haben, was ein Algorithmus ist und welche Macht die Rede von den Algorithmen gewonnen hat? Genau das verbirgt sich hinter der Vorgabe nicht. Vielmehr wird die Zielvorstellung von dem, was in der Auseinandersetzung mit Algorithmen gelernt werden soll, so formuliert: „Eine strukturierte, algorithmische Sequenz zur Lösung eines Problems planen und verwenden".[81] Es gibt nichts dagegen einzuwenden, dass Schüler_innen diese Logik verstehen und mit ihre arbeiten können durchschauen. Aber im KMK-Papier endet die Aneignung der Kompetenz mit der Anwendung und Einübung al-

---

80 Horkheimer, Instrumentelle Vernunft, 30f.
81 Kultusministerkonferenz (KMK), Bildung in der digitalen Welt, 18.

gorithmischer Problemlöseverfahren. Und darin liegt das Problem.

Die Digitalisierung des Lernens leistet einen kongenialen Beitrag zu einem spezifischen Modus der Weltbewältigung, der in der Bearbeitung der Probleme des jeweils Gegebenen steckenbleibt. Und der Verdacht erhärtet sich, dass im Schatten der digitalen Bildung eine digitale Weise des Umgangs mit der Welt als vorrangige Methode etabliert wird. Was bedeutet das?

Es ist hilfreich, noch einmal in die Anfänge der Entstehung und der Diskussionen der KI zurückzugehen. Als Lektüre bietet sich hier vor allem für Lehrer_innen an: Joseph Weizenbaum, Die Macht der Computer und die Ohnmacht der Vernunft. Weizenbaum ist selbst ein Pionier der künstlichen Intelligenz und entwickelte in den 1960er Jahren ein erstes Computerprogramm, mit dem ein Mensch ein – in diesem Fall – therapeutisches Gespräch führen kann. Eliza, ein an der Psychotherapie von Rogers orientiertes Programm, führt ein Gespräch mit einer „Klient_in" und stellt immer weiterführende Fragen, mit dem Effekt, dass sich die Gesprächspartner_innen emotional angenommen und verstanden fühlen. Weizenbaum musste „bestürzt feststellen, wie schnell und wie intensiv Personen, die sich mit DOCTOR [dem Programm] unterhielten, eine emotionale Beziehung zum Computer herstellten und wie sie ihm eindeutig menschliche Eigenschaften zuschrieben."[82]

Dieses Ergebnis seiner Arbeit war für ihn der Ausgangspunkt, einige wesentliche Fragen zu stellen, die die Rolle des Computers in der modernen Welt betreffen und die er für zentrale Fragen unseres Lebens hielt. Seine erste Frage zielt darauf ab, nach dem Besonderen des Computers zu fragen, das dazu geführt hat, der „Auffassung vom Menschen als Maschine zu einer neuen

---

82 Weizenbaum, Die Macht der Computer, 19.

Ebene der Plausibilität"[83] verholfen zu haben. Zu fragen ist zweitens, wie denn der „Mensch mit der Zeit seine eigene Autonomie an eine Welt verloren hat, die als Maschine betrachtet wird."[84] Mit diesem Verlust der eigenen Autonomie geht drittens einher, dass Menschen beginnen, sich auf autonome Maschinen zu verlassen, obwohl doch „die meisten Menschen nicht das Geringste von Computern"[85] verstehen. Dabei sind es nicht nur konkrete Maschinen im engeren Sinne, sondern eine Vielzahl maschinenähnlicher Vorgänge, die fraglos akzeptiert werden und in die Menschen sich einfügen. Charakterisiert werden kann die Logik dieser Vorgänge dadurch, dass auf sie bezogen Algorithmen zur Problemlösung herangezogen werden können. Wenn nun Computern vertraut wird, so vermutet Weizenbaum, könne es nur dadurch erklärt werden, dass die Leistung des Computers in Analogie zu dem verstanden wird, was man von sich selbst kennt: seine eigene Denkfähigkeit.

Somit steht in der Auseinandersetzung mit der Digitalisierung etwas zur Debatte, das zutiefst Auswirkungen auf alle pädagogischen Fragen und Entscheidungen haben muss: die Autonomie des Menschen. Und sie verbindet sich an der Schnittstelle mit dem Computer mit der zentralen Frage der Bildung, was denn Lernen ist, wie es geht und wodurch es geht. Damit verbunden ist die Ausgangshypothese der Bildung, dass im Lernen selbst die Autonomie des Menschen wurzelt. Aber dieses Lernen verändert sich durch den Computer. Hier findet ein eigenartiger Prozess der Umkehrung statt. Auf der Suche nach der KI fällt der Blick zunächst auf das Lernen und fragt nach Modellen des Lernens, die auf eine Maschine übertragen werden können. Dieses Ler-

---

83   Ebd., 21f.

84   Ebd., 23

85   Ebd.

nen findet sich auch in der Art und Weise, wie Menschen lernen. Der Anspruch der KI war in den 1960er Jahren und ist wohl heute noch, „ein Programm zu erstellen, das auf dieselbe Weise lernen kann wie ein Kind".[86] Nichts weniger also als „die Konstruktion einer Maschine nach dem Bild des Menschen, eines Roboters, der seine eigene Kindheit haben, Sprachen wie ein Kind lernen und sein Wissen von der Welt dadurch erlangen soll, daß er die Welt durch seine eigenen Sinnesorgane erfährt und schließlich zu Betrachtungen über den gesamten Bereich menschlichen Denkens imstande ist."[87] Dabei ist eine Frage entscheidend, nämlich, „ob der Mensch tatsächlich nur eine Spezies der Gattung ‚informationsverarbeitendes System' ist oder mehr ist als das."[88]

Offensichtlich ist diese Frage zentral, aber sie muss vielleicht anders gestellt werden, vor allem aus der Perspektive von Lehrer_innen und vor allem aus einer Perspektive, für die es genau um das geht, was denn in der Schule zu lernen ist. Denn das Lernen in der Schule verändert sich.

5.1 Denken und Lernen

Zunächst ein Schritt zurück. Für die Entwicklung der KI gibt es die Vorstellung, dass der Mensch und sein Denken nachgebaut, vielleicht sogar eines schönen Tages überholt werden könnte. Allerdings lässt sich sehr einfach feststellen, dass wir es hier mit einer ersten und entscheidenden Reduktion zu tun haben, und zwar der Reduktion des Menschen auf das, was nachbaubar ist. Doch diese Reduktion hat einen Effekt. Indem unterstellt wird,

---

86 Ebd., 268.
87 Ebd.
88 Ebd., 269.

dass er nachgebaut werden kann, wird der Mensch rückwirkend oder im Umkehrschluss durch diverse Maßnahmen und Lernformen in seinem Lernen auf genau das Nachbaubare reduziert. Diese Reduktion findet schleichend statt. Sie geht zum Beispiel mit der zunehmenden Bedeutung des Begriffes „Information" einher. Schon längst ist der Begriff der Information für Schüler_innen ein Standardbegriff geworden, mit dem alles erfasst werden kann: wie viele Schüler_innen in der Klasse sind, welche Zahlenwerte benötigt werden, um ein physikalisches Experiment auszuwerten, was bei einer Internetrecherche herauszubekommen und was über das eigene Gefühlsleben oder das Gefühlsleben der Autor_in durch das Lesen eines Gedichtes zu erfahren ist. Das Weinen meines Gegenübers enthält gleichermaßen eine Information wie der Verspätungsalarm der Deutschen Bahn auf meinem Smartphone.

Mit dem Fokus auf Information erschließt die Digitalisierung alle Lebensbereiche für einen spezifischen Verarbeitungsmodus und einen einheitlichen Begriff von dem, was ein Problem ist und wie es zu lösen ist. „Während es üblicherweise heißt, dass die Rechner bald denken und selbst lernen, sind wir eher dabei, das Denken in die Niederungen des Prozessierens zu verabschieden. Genauer gesagt hat sich das Bild, das sich das Denken von sich macht, allzu oft auf einen schlichten Prozess des Verrechnens reduziert."[89] Robert Feustel zeigt, wie die Information einerseits zum zentralen Begriff der Digitalisierung geworden ist, es jedoch andererseits keine einheitliche Vorstellung von dem gibt, was eine Information ist und was nicht. Er zeigt zugleich, dass neben der Information anderes wenig Platz behält.

Dass das so ist, lässt sich auch an der Veränderung des Bildungsbegriffs ablesen, der die Ausbildung ins Zentrum rückt und

---

89 Feustel, Am Anfang war die Information, 144.

durch die Kompetenzorientierung die Bewältigung von Situationen zu einer zentralen Aufgabe des Lernens macht. Diese Situationsbewältigung entspricht dem für die KI zentralen Begriff des Gerneral Problem Solver (GPS), einen Computerprogramm, das keine andere als die instrumentelle Vernunft mehr gelten lässt und den Erwerb entsprechenden Verhaltens ins Blickfeld des zu Lernenden rückt. In diesem Sinne verbirgt sich dahinter eine Form von behavioristischem Lernen.[90]

Die KI hat genau diese Bewältigung einer Situation zum Ziel. Und die Kompetenzorientierung ist ein Mittel zur Produktion des Subjekts, das dem auf der Seite des Noch-Menschen entspricht. „Nur wer den Menschen zur verrechnenden Maschine macht, muss sich davor fürchten, dass ‚eine eindeutige Handlungsvorschrift zur Lösung eines Problems oder einer Klasse von Problemen' wirklich bedrohlich für die menschliche Freiheit sein kann."[91]

Das allerdings ist das Problem, das mit der schleichenden Veränderung des Begriffs von Lernen durch die Diskussion um KI einhergeht, insofern diese Vorstellung von Lernen normativ wird. Weizenbaum spricht schon 1977 von der „Computermetapher", einer Vorstellung, einem Bild, so ließe sich sagen, das alles durchzieht. „ ... der springende Punkt ist der, daß die Durchdringung – man könnte sogar Perversion sagen – des Alltagsbewußtseins durch die Computermetapher aus jedem Problem ein technisches gemacht hat, von dem man annimmt, man könne darauf die hier besprochenen Methoden anwenden."[92] Diese Methode ist der Algorithmus.

---

90 Vgl. hierzu vor allem die Passagen in: Zuboff, Überwachungskapitalismus.

91 Feustel, a.a.O., 146

92 Weizenbaum, Die Macht der Computer, 239. Treffend ist hier der

So lauert also hinter dem, was zunächst als unvorstellbare Erweiterung menschlicher Möglichkeiten sich ankündigte, die Gefahr der Umkehrung dessen, was Lernen ausmacht: Autonomie zu gewinnen. Die Lösung eines Problems durch eine gegebene Vorgehensweise wird in vielen Fällen zu dem gewünschten Erfolg führen. Sie enthält aber ein Moment der Unterwerfung unter die Gegebenheiten und damit verbunden den Verlust von Autonomie. Zugleich aber haben wir es mit Situationen zu tun, in denen die Lösung des Problems durch eine vorgegebene Verfahrensweise gerade nicht möglich ist.

5.2 Digitalisierung und Klimakatastrophen

Es ist bemerkenswert, wie auf der einen Seite die Klimakatastrophe (und die damit verbundene ökonomische Grundausrichtung) eine grundlegende gesellschaftliche, ja, eine ganze Menschheit betreffende Problematik ist, andererseits dies eigentlich keinen Widerhall in Lehr- und Bildungsplänen findet. Natürlich gibt es Nachhaltigkeitsprojekte, aber den Rang einer Bildungsherausforderung hat dieses Menschheitsproblem nicht erklommen. Das unterscheidet sie von der Digitalisierung, die zu einer Querschnittsaufgabe für alle Fächer werden soll. So wird die Klimakatastrophe nicht behandelt. Es ist naheliegend, hier einen Zusammenhang damit zu vermuten, dass das Problem einem Verfahren

---

Mark Twain zugeschriebene Satz: Wenn Dein einziges Werkzeug ein Hammer ist, wirst Du jedes Problem als Nagel betrachten. Jedes Problem zu einem technischen zu machen, dafür verwendet Evgeny Morozov den Begriff Solutionismus: „Solutionismus bezeichnet eine Tendenz, Probleme vor allem unter dem Gesichtspunkt zu betrachten, inwieweit es dafür schnelle und einfache Lösungen gibt, etwa in Form von Apps oder anderen, meist technischen Neuerungen." (Morozov, Interview).

unterworfen werden soll, das die Lösung herbeiführt. In dem Moment, in dem die Situation erfahrbar wird (zu große Hitze, sterbende Bäume, Waldbrände) gibt es Irritationen, aber das Vertrauen in das Verfahren scheint ungebrochen. Demgegenüber gilt für die Herausforderung der Digitalisierung: Sie durchdringt alle Bildungsfragen, ohne dass sie überhaupt als ein Problem formuliert wird. Insofern ist es nicht erstaunlich, wie wenig in den Diskussionen um Digitalisierung ökologische Fragestellungen präsent sind. Die einfachsten Fragen scheinen mit einem Tabu belegt zu sein. Das führt zu Widersprüchen. Wenn im Religions- oder Ethikunterricht eine individuelle Entscheidung für weniger CO_2-Ausstoß durch entsprechendes Marktverhalten das Ergebnis einer Unterrichtsreihe ist, so wird das individuell konsumierte Erklärvideo auf dem Smartphone unhinterfragt zum Mittel der Wahl, um die Digitalisierung auf der Höhe der Zeit zur individuellen Förderung werden zu lassen. Ebenso ist das Schreibgespräch auf einem Pad vermittelt über einen Server irgendwo in Europa ein Baustein zum Erwerb einer kommunikativen Kompetenz, die dazu verhilft, „Kommunikations- und Kooperationsprozesse mit digitalen Werkzeugen zielgerichtet [zu] gestalten sowie mediale Produkte und Informationen [zu] teilen".[93]

Für die Schule sollte zumindest klar sein, wie Größenverhältnisse des CO_2-Ausstoßes durch die Digitalisierung aussehen.[94] Nur drei einfache Beispiele: Der weltweite CO_2-Ausstoß der In-

---

93 Medienkompetenzrahmen NRW, 10.

94 Einen guten Überblick hierzu gibt der Artikel "Saurer Regen aus der Cloud" von Sebastian Broca. Zum einen entlarvt er die Mär der nachhaltigen Digitalwirtschaft, indem er die Schneisen der ökologischen Verwüstungen nachzeichnet, die auch die digitalen Technologien schlagen. Zum anderen weist er nach, dass auch oftmals die Angaben der großen Konzerne, ihre Anlagen mit nachhaltigem Strom zu betreiben, falsch sind. Die Verbindung zur Erdölindustrie ist lebendiger denn je, da auch sie Big Data und KI benötigt.

formations- und Kommunikationstechnik beläuft sich zur Zeit (Ende 2019) auf knapp 4% –Tendenz natürlich steigend. Ca. 80 % des Internet-Datenverkehrs resultieren mittlerweile aus dem Streamen von Videos, was den CO2-Emissionen Spaniens entspricht, und der Stromverbrauch der Kryptowährung Bitcoin ist in etwa so groß wie der der Schweiz.[95] Ein weiteres Beispiel macht die Problemdimension anschaulich klar: KI in der Form selbstfahrender Autos wird als Lösung propagiert und schon manch eine Verkehrsminister_in hat sich in solch einem sich selbst steuernden Fahrzeug der Öffentlichkeit gezeigt. Aber auch technisch wenig gebildeter Laien wissen, welche Serverkapazitäten (und damit Energieerzeugungen) notwendig sind, um solch ein System permanent über das Internet funktionsfähig zu halten. Die Frage, ob selbstfahrende Autos eine günstigere Umwelt- bzw. Energiebilanz haben, wird in der Regel nur für das jeweilige einzelne Auto untersucht, wobei die Forscher zu unterschiedlichen Ergebnissen kommen. Das dahinterstehende Gesamtsystem und die Frage, unter welchen gesellschaftlichen Voraussetzungen hieraus ökologisch sinnvolle Lösungen resultieren könnten, fließt in die Untersuchungen meistens nicht ein.[96]

Wenn nun Schule und Bildung die Digitalisierungsprozesse als unhinterfragbar gesetzt betrachten, werden sie nicht dazu befähigen, den zukünftigen gesellschaftlichen Herausforderungen gerecht zu werden, die mit der ökologischen Zerstörung unserer Lebensbedingungen durch eine kapitalistische Wachstumsökonomie einhergehen. Sie produzieren vielmehr die Subjekte,

---

95 Die Angaben, die natürlich Schätzungen sind, hierzu aus: Was unser Digitalkonsum an Energie kostet, von Anna Parrisius, Der Tagesspiegel, 6.11.2019, https://www.tagesspiegel.de/wirtschaft/stromfresser-internet-was-unser-digitalkonsum-an-energie-kostet/25182828-all.html (12.02.2020).

96 Vgl. auch: Daum, Das Auto im digitalen Kapitalismus.

die diese Probleme reproduzieren müssen. Allerdings sieht die Strategie der Kultusministerkonferenz hierfür eine Kompetenz vor: „Umweltauswirkungen digitaler Technologien berücksichtigen". Für die Lösung des Problems ist das algorithmische Verfahren vorgesehen und die Verantwortung wird dem jeweils Einzelnen zugeschoben.

An dieser Stelle wird ein Dilemma deutlich, das sich nur schwer auflösen lässt. Digitalisierung wird grundsätzlich in der Form der Immaterialität gedacht. Dem handfesten Tafel-Kreide-Bücher-Klassenraum steht das virtuelle Klassenzimmer gegenüber, der realen Diskussion in der Klasse die virtuelle Diskussion auf dem Pad und das Seminar wird durch das Webinar ersetzt. Dabei verschleiert diese Vorstellung – für den Bereich der Bildung, aber auch für gesamtgesellschaftliche Zusammenhänge – die „technologische Materialität" dieser Vorgänge. Sie verschleiert eine Welt „jener materiellen Infrastruktur"[97] aus Satellitenverbindungen, Netzknoten und Unterseekabeln, in der Serveranlagen in einem immer größer werdenden Ausmaß Ressourcen und Arbeitskraft verschlingen und Millionen von unsichtbaren Click-Workern das Netz aufräumen.

Noch einen Punkt gilt es zu beachten, wenn Digitalisierung und Ökologieproblematik in einen Zusammenhang gestellt werden. Es ist die Frage nach den Subjekten, die die Schule „produziert": Was für eine Subjektivität kommt am Ende heraus, wenn die Digitalisierung zur Leitmetapher schulischer Bildung bzw. von Bildung generell wird? Anders formuliert: Welche Erfahrungen brauchen Kinder und Jugendliche eigentlich, damit sie überhaupt ökologische Zerstörungen wahrnehmen können? Kinder und Jugendliche, für die die Wahrnehmung der Welt vorrangig

---

97 Diestelmeyer, Machtzeichen, 118.

durch einen digitalen Filter geschieht, entwickeln wohl kaum eine auf Sinnlichkeit hin ausgerichtete Wahrnehmung. In der Welt der Kinder würden Formen der Unmittelbarkeit dazu gehören müssen: eigene und fremde Körperwahrnehmung, Wahrnehmung von Natur und dergleichen mehr. Das ist zur Genüge dargestellt worden. Wichtig an dieser Stelle ist aber das Zusammenspiel von Subjektformung auf der einen Seite und Naturzerstörung auf der anderen, um das schon Marx im Kapital gewusst hat: „Die kapitalistische Produktion entwickelt daher nur die Technik und Kombination des gesellschaftlichen Produktionsprozesses, indem sie zugleich die Springquellen alles Reichtums untergräbt: die Erde und den Arbeiter."[98] Das Zusammenspiel dieser beiden Faktoren zeigt sich in der Weise, wie der digitale Kapitalismus die durch den industriellen Prozess hervorgebrachte Klimakatastrophe als Problem „lösen" will. Digitale Problemlösungsverfahren kennen jeweils nur die Mittel zur Problemlösung, die das Problem selbst hervorgebracht haben und nur weiterführen, während sie genau die Subjekte hervorbringen, deren Wahrnehmungsfähigkeit des Problems selbst durch den Prozess der Digitalisierung untergraben wird. Im Fadenkreuz dieser Entwicklung steht die Schule.

---

98 Marx, MEW 23, 529f.

5.3 Algorithmen und Problemlösungsverfahren

Ein sehr aktuelles Beispiel soll in kurzer Form verdeutlichen, auf welches Problem schon 1977 Weizenbaum aufmerksam macht. Der Algorithmus provoziert eine bestimmte Form des Problemlösens. Diese ist technisch orientiert und lässt sich in einem klar definierten Verfahren abbilden. In einzelnen Schritten kann dem Problem nachgegangen werden und durch schrittweise Entscheidungen wird der Weg zur Lösung des Problems gegangen. Die Schlüsselgröße in diesem Zusammenhang ist das Individuum, auf das das Verfahren in der Schule fokussiert: Es gibt eine Situation, in der Situation gibt es ein Problem, zur Lösung des Problems gibt es einzelne Schritte, die gegangen werden können. Nach diesem Muster verläuft auch die Bildung zur nachhaltigen Entwicklung. Unterrichtsreihen und Projekte führen in der Regel zu dem, was der Einzelne tun kann. Dahinter verbirgt sich die Logik des Verfahrens.

Immer mehr CO_2 wird in die Erdatmosphäre ausgestoßen. Der Effekt ist, dass die Erdatmosphäre sich weiter aufheizt. Woran liegt das? Wir Menschen geben durch die Art und Weise, wie wir leben, CO_2 ab. Was können wir dagegen tun? Wir können den CO_2-Ausstoß reduzieren. Wie können wir das machen? Indem wir Alternativen zu dem entwickeln, was wir normalerweise machen. Können wir alles auf einmal machen? Nein. Aber wir als einzelne können mit etwas beginnen. Was können wir zum Beispiel tun? Wir können Müll reduzieren, ihn gut trennen oder weniger mit dem Auto fahren.

In dieser Logik, die immer „richtig" ist, gibt es nun in der Kita oder der Grundschule den Projektvorschlag „Mama oder Papa bringen mich eine Woche lang nicht mehr mit dem Auto zur Kita" oder „Wir trennen den Müll" oder „Wir bringen unser Frühstück nur noch in Mehrwegverpackungen in die Kita mit". Gegen all diese Beispiele ist nichts einzuwenden und all das sollte getan und gelernt werden. Allerdings ist diese Form der Problemlösung zur dominanten Form geworden und die Einübung findet in allen Phasen der schulischen Bildung statt. Das hier angeführte Beispiel findet sich wieder in Projektbeispielen der Stiftung „Haus der kleinen Forscher".

Neben der Helmholtz-Gemeinschaft beteiligen sich Siemens Stiftung, Dietmar Hopp Stiftung und Deutsche Telekom Stiftung. Ziel ist die Förderung der MINT-Fächer. Unweigerlich damit verbunden ist die Vorrangstellung einer Verfahrensweise, die naturwissenschaftlich-technisch orientiert ist und sich durch einen Algorithmus abbilden lässt. Wir sind der Meinung, dass das „Problem" Erderwärmung sich gerade nicht durch ein solches Verfahren lösen lässt, sondern vielmehr das Verfahren selbst ein Teil des Problems ist. Die Lösung muss auf einer politischen Ebene gefunden werden, die eine radikale Veränderung der Gesellschaft und ihrer Produktions- und Lebensweise mit einschließt.

Vielleicht, so ließe sich vermuten, ist der beschriebene Zugang zu der Problematik für eine Kita oder Grundschule angemessen, doch die Einübung in die Digitalisierung ist auch für Kinder in diesem Alter der Schlüssel zur Verfestigung dieses Verfahrens, ohne andere Möglichkeiten am Horizont auftauchen zu lassen. Es korrespondiert darüber hinaus immer mit dem Zurückwerfen auf das Individuum. Genau das propagiert im ausgewählten Beispiel das „Haus der kleinen Forscher": „Ziel der Methode [in diesem Fall das Philosophieren mit Kindern zu Nachhaltigkeitsthemen] ist es, im Gespräch eine ‚offene und selbstreflexive Grundhaltung' zu fördern, die Einfluss auf die eigene persönliche Grundhaltung hat."[99] Kinder auf sich selbst zurückzuwerfen, wird zum integra-

---

99 Haus der kleinen Forscher, 44.

len Bestandteil eines geschlossenen Verfahrens, in dem gelernt wird, lösungsorientiert zu handeln, und in dem eingeübt wird, grundlegende Anfragen an gesellschaftliche Zusammenhänge gerade auszuschließen.

Ein Blick zu den älteren Schüler_innen zeigt, dass sich bis zu diesem Punkt qualitativ nichts geändert hat und das gleiche Verfahren zu den prinzipiell gleichen Lösungen führt. Die selbstreflexive Grundhaltung zeigt sich hier jedoch nicht mehr in Projekten der Mülltrennung, sondern reflektiert auf die Individuen als verantwortlich handelnde Marktteilnehmer_innen, die durch ihre individuell-selbstreflexiven Entscheidungen und die Wahl der „richtigen" Produkte ihren persönlichen Beitrag zur Abschwächung des „Klimawandels" leisten. Die Logik eines geregelten Verfahrens wird auch hier sichtbar: Die Schüler_innen diskutieren den Emissionshandel, sollen andere Mittel zur Bekämpfung des „Klimawandels" finden oder in die Rolle von Verantwortlichen schlüpfen, um den Klimaschutz zu gestalten. Die „Werkzeuge" sind: Emissionshandel, Emissionssteuer, Subventionen und Investitionen, ein neues Wirtschaften zum Beispiel nach dem Motto „Weniger ist mehr" und immer das Konsument_innenverhalten. Auch Schulwettbewerbe sind probate Mittel, die Lösungen und Marktmechanismen kompatibel erscheinen lassen. Die Gründung nachhaltiger Schüler_innen-Firmen rundet das Programm ab.[100]

Mit diesem Standardbeispiel aus der Sekundarstufe II wird deutlich, wie massiv und selbstverständlich eine Denkform den

---

[100] Ein Beispiel hierfür ist die „Energievision 2050", die gefördert vom Bundesministerium für wirtschaftliche Zusammenarbeit und unterstützt vom Bundesverband der Energie- und Wasserwirtschaft durch die Schulen reist und das Thema Schüler_innen zugänglich machen will. Besser als nichts, könnte man sagen, aber auch dies ein Beispiel, das in einer spezifischen Logik der Problemlösung stecken bleibt. (http://www.multivision. info/index.php/projekte/evi2050/, 20.11.2019).

(Lern-)Alltag dominiert. Die „Computermetapher", diesen Begriff hatte Weizenbaum verwandt, beherrscht das Bewusstsein sogar da, wo der Computer auf den ersten Blick gar nicht sichtbar ist. Sie macht aus einem gesellschaftlichen Problem ein technisches – auch dort, wo die Technik vermeintlich sehr weit entfernt ist. Und sie verschiebt den Blick auf die technische Ebene, immer dann, wenn ganz offensichtlich unterschiedliche Ebenen eng miteinander verbunden sind, so wie in dem Beispiel der Klimakatastrophe, aber auch in der Auseinandersetzung mit der Digitalisierung selbst, um die es hier vorrangig geht.

5.4 Inversion der Denkform

Um die stattfindenden Prozesse zu verstehen, dürfen sie nicht isoliert betrachtet werden. Die bisherige Untersuchung hat deutlich gemacht, dass ein Zusammenhang hergestellt werden muss, in dem die einzelnen dargestellten Aspekte aufeinander bezogen werden. Das aber geschieht in den meisten Auseinandersetzungen nicht. Das Bild von Weizenbaum, dass eine technische Entwicklung wie der Computer über uns kommt wie eine Welle, eine Flut, trifft genau zu. Es wird von denen bemüht, die es als Argument dafür benutzen, nun doch schnell zu handeln. Dieses Bild entspricht vermutlich vielen, die sich in dieser Situation zum Handeln aufgefordert fühlen. Einigen gelingt es, auf der Welle zu surfen, andere befürchten, in ihr unterzugehen und halten sich nur mit Mühe über Wasser. Für beide Varianten aber gilt: Mit der Welle selbst können wir nicht umgehen, gegen die Flut kann man nichts machen.

Zunächst sollte das Bild der Flut entzaubert werden. Diese Flut ist nicht durch einen Tsunami ausgelöst, sondern ist das Ergebnis eines Prozesses, der nicht notwendig so verlaufen ist, der auch anders hätte verlaufen können und – wenn man ihn in die Zukunft verlängert – auch anders verlaufen muss. Sowohl die mit der Digitalisierung verbundenen Probleme der Subjektveränderungen als auch die ökologische Problematik zeigen diese Notwendigkeit auf, und gesellschaftliche Veränderungsprozesse, die an verschiedenen Stellen zum Ausdruck kommen, müssen in Bildungsprozessen reflektiert werden. Das gilt selbstverständlich für alle, die an diesen Bildungsprozessen beteiligt sind. Es ist sowohl eine Notwendigkeit für Lehrer_innen, wenn sie handlungsfähig werden wollen, als auch für Schüler_innen, wenn sie nicht nur reagieren, sondern in einer Welt, in der sie mit der Digitalisierung konfrontiert sind, autonom und emanzipiert agieren wollen.

Computer, Digitalisierung und die Logik des Algorithmus geben eine Denkform vor, die auch für Bildungsprozesse zum Maßstab des Denkens werden könnte. In ihr vollzieht sich die Reduktion der Vernunft auf Prozesse und Verfahrensweisen. Der Begriff, den Max Horkheimer hierfür hatte, war der der instrumentellen Vernunft, in der die Ziele dieser Vernunft selbst nicht mehr als vernünftig ausgewiesen werden können. Mit dieser Vorstellung von Vernunft einher geht die Norm der Nützlichkeit. Horkheimer stellt sich vor, was der „Durchschnittsmensch" auf die Frage danach, was denn Vernunft sei, antworten würde. Er würde sagen, „daß vernünftige Dinge offensichtlich nützliche Dinge sind und daß jeder vernünftige Mensch imstande sein soll zu entscheiden, was ihm nützt."[101] Diese Vernunft wird zu einer vorgelagerten Vernunft, in der die Frage nach den Zielen nicht zur Debatte steht. Horkheimer schreibt dies in einer Situation des industriellen Zeitalters, die noch nicht von der „Digitalisierungsflut" über-

---

101 Horkheimer, Instrumentelle Vernunft, 15.

rollt wurde. Die Logik des Algorithmus ist eine, die der industriellen Verwertung entspricht, aber in ihr noch nicht die adäquate Form gefunden hat. Diese Form findet sie in der Digitalisierung, in der die Größen 0 und 1 zu den prozessierenden Grundgrößen geworden sind. Mit ihnen lassen sich auch Verfahren für ethische Entscheidungen etablieren, wie sie dann in Lernprozessen in der Schule angewandt werden. Zum Inhalt der ethischen Entscheidung selbst hat diese Vernunft jedoch keinen Zugang. Alles, was durch sie prozessiert wird, muss zuvor in eine dem Verfahren entsprechende Form transformiert werden. Damit sind nicht-technische Lebensäußerungen nicht außen vor, im Gegenteil. Sie werden bewusst in diese Verfahrensweisen hinein übersetzt (wie das Beispiel der Wertebildung durch MINT-Fächer gezeigt hat), aber sie werden genau dadurch modifiziert.

„Immer weniger", so Horkheimer, „wird etwas um seiner selbst willen getan. Ein Fußmarsch, der einen Menschen aus der Stadt an die Ufer eines Flusses oder auf den Gipfel eines Berges führt, wäre, nach Nützlichkeitsmaßstäben beurteilt, widervernünftig und idiotisch; man gibt sich einem albernen oder zerstörerischen Zeitvertreib hin. Nach Ansicht der formalisierten Vernunft ist eine Tätigkeit nur dann vernünftig, wenn sie einem anderen Zweck dient, zum Beispiel der Gesundheit oder der Entspannung, die hilft, die Arbeitskraft wieder aufzufrischen. Mit anderen Worten, die Tätigkeit ist bloß ein Werkzeug; denn sie gewinnt ihren Sinn nur durch ihre Verbindung mit anderen Zwecken."[102]

Horkheimer benennt einen zentralen Punkt und die Einwände sind gut vorstellbar: Natürlich gibt es in der digitalisierten Gesellschaft Spaß, Freude an anscheinend sinnlosen Dingen, die Fähigkeit, etwas um seiner selbst willen zu tun. Der hier entscheidende

---

102 Ebd., 44.

Punkt ist die Aneignung all dessen durch die Einordnung in ein System der Nützlichkeit. Dort, wo diese Einordnung nicht durch den individuellen Menschen vorgenommen wird, wird sie strukturell vorgegeben und dadurch übernommen und integriert. Die Schule ist eine zentrale Agentur hierfür. Das Beispiel der zweckfreien Wanderung zeigt, wie nah die verschiedenen Modi beieinander liegen. Sogar eine argumentative Einordnung zweckfreien Tuns ist möglich: Selbstverständlich brauchen Menschen in der heutigen Zeit Inseln des zweckfreien Tuns. Sie sind sogar eine Voraussetzung dafür, im Alltag der Verwertung mithalten zu können. Ein allen bekanntes Beispiel ist der Tischkicker im Start-up-Unternehmen.

Diese Form der Argumentation – diese Denkform der Vernunft – findet sich in der Schule immer dann wieder, wenn es darum geht, die Bedeutung von Fächern aufzuzeigen, die dem Berufsbildungsprozess vermeintlich fernstehen. Sprachbewusstheit und Kommunikationsfähigkeit, so wird argumentiert, sind immer sinnvoll und werden spätestens an der Stelle notwendig, wo jemand Führungspositionen übernimmt. Auf die Spitze getrieben – ein weiteres Beispiel dieser Logik – wird die Argumentation, wenn ein Berufsberater in der Sekundarstufe I Schüler_innen den Sinn von Allgemeinbildung mit dem Hinweis darauf nahezubringen versucht, dass sie in einem Bewerbungsgespräch ja auch nach ihrem Allgemeinwissen gefragt werden könnten.[103]

Die Inversion der Denkform zeigt sich im Vorherrschen des Nützlichkeitsparadigmas, das auch die Bildung mehr und mehr durchdrungen hat. Damit entspricht sie zugleich dem digitalen

---

103 So geschehen in einer Schule im Münsterland: „Die Schüler sollten viel Zeitung lesen ... Fragen dazu kommen ganz sicher im Bewerbungsgespräch vor." (Westfälische Nachrichten vom 20. Juni 2015, Lokalteil Ostbevern).

Kapitalismus, der wiederum einen Menschentypus braucht, der mit dieser Grundlogik ausgestattet ist. Nicht verborgen, sondern ganz offen wird dies von den unterschiedlichen Protagonist_innen dieses digitalen Kapitalismus gefordert. Die Forderung ist verbunden mit einem Anspruch, der absolut ist. Das Digitale ist nicht ein Teilbereich unserer Gesellschaft, sondern die Grundstruktur, das Zentrum. Beschworen wird dies in einer Vielzahl von Zukunftsbildern und Parolen. Die Zukunft sei digital und es finde eine Revolution statt. Hinter diesen Veränderungsprozessen aber, die tatsächlich an den unterschiedlichsten Stellen stattfinden und unseren Alltag – bis in die kleinsten Verhaltensweisen hinein – durchdringen und neu formen, erweist sich das Bild einer leuchtenden digitalen Zukunft als Zerrbild und entwickelt dystopische Züge, die nur schwer verborgen werden können. Ein Reich der Freiheit bricht nicht an. Stattdessen verschärfen sich die Möglichkeiten und Formen der Ausbeutung und die Aneignung vielfältiger Lebensvollzüge durch ökonomische Prozesse, vor allem, weil sich durch die Digitalisierung, das Sammeln von Daten und das Vordringen von digitalisierten Dingen in die intimsten Lebensbereiche die Möglichkeiten einer solchen Durchdringung noch zugespitzt haben. Dass dieser Kapitalismus ein spezifisches Subjekt braucht, liegt auf der Hand. Dass in der Schule dieses Subjekt entstehen kann, auch. Die Art und Weise, wie Digitalisierung in Bildungsprozesse zurzeit vorwiegend unreflektiert Einzug hält, lässt genau dies vermuten. Allerdings ist Bildung mehr als das und die Möglichkeit, hier Widerstand zu leisten, ist einer Bildung, die sich noch nicht der Inversion der Denkform verschrieben hat, zutiefst eingeschrieben. Unsere Aufgabe muss es sein, diese Bildung an die Oberfläche zu holen und für die notwendige Auseinandersetzung zu nutzen.

6. Digitalisierung im schulischen Alltag

„Ich mach mir die Welt, wie sie mir gefällt!"
(Pippi Langstrumpf)

Man stelle sie sich vor, Astrid Lindgrens Heldin Pippi Langstrumpf, das Mädchen, das allein lebt, über einen schier unerschöpflichen Vorrat von Goldstücken verfügt, von denen es für alle Kinder der Stadt Weihnachtsgeschenke kauft. Das stärkste Mädchen der Welt, das sich mit der Polizei und dem Jugendamt anlegt. Die Ein-Tages-Schülerin, die sogar die Gesetze der „Plutimikation" nicht gelten lässt. Das Mädchen, das mit seinen Freunden Thomas und Annika von zu Hause ausreißt und sich mit dem Obdachlosen Konrad anfreundet, das reitet, Boot fährt, sich allein um seine Haustiere kümmert, Sachensucherin ist, auf Bäume klettert und gegen Piraten kämpft, um seinen Vater aus der Gefangenschaft zu befreien.

Man stelle sich diese Pippi Langstrumpf, die Heldin unserer Kindheit, auf dem Sofa vor, mit einem Tablet auf dem Schoß beim Daddeln. Aus wäre es mit dem Heldinnen-Status!

Aus einem aktiven, kreativen, subversiven und höchst sozialen Wesen wäre ein bewegungsarmes, passives, ideenloses Kind geworden, das sich von einem digitalen Endgerät vorschreiben lässt, was und wie es spielen soll. In solch einem Szenario der

Digitalisierung von Kindheit machen nicht die Kinder, sondern Apple, Google und Co, also die Big Five, sich die Welt, wie sie ihnen gefällt.

Wo stehen Lehrer_innen in diesem Prozess? Nicht erst seit gestern beschweren sie sich darüber, dass eine veränderte Kindheit mit intensiver TV-, Smartphone- und Computerspielnutzung den Kindern Schaden zufügt und das Lernen in der Schule erschwert. Nicht nur Antriebslosigkeit, Konzentrations- und Lernschwächen, Bewegungslegasthenie und ein Mangel an Allgemeinwissen wird beklagt, sondern auch eine steigende Individualisierung, fehlende Empathie, sowie im wahrsten Sinne des Wortes asoziales Verhalten von Kindern und Jugendlichen an allen Schulformen. Diese veränderte Kindheit und Jugend trifft, so die klagende Lehrer_innenschaft, auf einen Mangel an ausgebildetem Personal, steigende Anforderungen des Lehrer_innenberufes und eine schlechte räumliche und materielle Ausstattung.

Jetzt scheint es schulisch die Antwort auf all diese Probleme zu geben. Eine Lösung, für die es volle Geldtöpfe gibt, auch wenn diese Geldtöpfe in Bezug auf Lehrer_innenstellen und Schulgebäude vorher leer waren und es auch weiterhin bleiben. Eine Lösung, die von Seiten „der Wirtschaft", sämtlicher Kultusministerien, Bezirksregierungen und Schulämtern, aber auch von Schulleitungen, Lehrer_innen und Eltern bejubelt und eingeklagt wird. Ein Ziel, das wir nicht schnell genug herbeisehnen können, weil es das deutsche Bildungswesen endlich wieder anschlussfähig an die Welt macht: Bildung muss digitalisiert werden!

Kinder und Jugendliche sollen möglichst früh mit digitalen Medien beschult werden. Es wird in allen Schulformen fleißig an Medienkonzepten gearbeitet, die verbindliche Standards schaffen sollen und dann 'ran an die Smartphones, Tablets und Computer, auf dass Schule sich der veränderten Lebenswelt anpasst und die Schüler_innen auf das wahre Leben (oder das Leben als Ware) vorbereitet! In Lehrer_innenkonferenzen werden digitale „Best-Practice-Beispiele" vorgestellt und wer digitale Medien oft im Unterricht benutzt, gilt als Vorreiter_in, als gute Lehrer_in. Welch ein Widerspruch!

6.1 Bildungspolitische Ursachen

Wie konnte es dazu kommen, dass es aus schulischer Sicht ein Gewinn zu sein scheint, auf den Digitalisierungszug aufzuspringen? Warum forcieren Schulleitungen die Einhaltung der Auflagen des Medienkonzeptes? Warum investieren unzählige Lehrer_innen ihr privates Geld in digitale Endgeräte, Apps, Programme, die sie für schulische Zwecke nutzen? Warum wird immer mehr Unterrichtsvorbereitungszeit zugunsten von Fortbildungszeit bezüglich digitaler Medien verschoben?

Ein Grund dafür kann nur darin liegen, dass Lehrer_innen in dieser Hinwendung zur Digitalisierung eine Erleichterung, eine Verbesserung ihrer Arbeit zu erkennen glauben. In Zeiten heterogenster Klassen, die in einem hohen Maße an Leistung, Konzentration, Sozialverhalten und auch sprachlicher Herkunft divergieren, so dass sich Lehrer_innen immer wieder vor fast unlösbare Aufgaben gestellt sehen, ist jedes Hilfsmittel recht, das zur Differenzierung und Individualisierung einzusetzen ist. Hierbei scheinen die digitalen Medien ein geeignetes Instrumentarium zu sein, mit dem sich die einzelnen „Feuer" im „Flächenbrand" des Klassenraumes löschen lassen. Dazu kommt, dass in einem jahrelangen Investitionsstau die technische Ausstattung an Schulen (außer vielleicht an Gymnasien) ziemlich vernachlässigt wurde. Die aktuelle Möglichkeit, diese Ausstattung nachzuholen, führt zu einer unkritischen Akzeptanz dessen, was Digitalisierung an negativen Konsequenzen mit sich bringt.

6.2 Ökonomische Interessen

Eine der gefährlichsten dieser negativen Konsequenzen ist der weitere Schritt zur „Privatisierung" von Schulen. Dieser Schritt wird unweigerlich gegangen, wenn eine Schule sich für einen digitalen Vertragspartner entscheidet. Hierbei gerät sie in eine Abhängigkeit von dem gewählten Hersteller, da von nun an darauf geachtet werden muss, alle Geräte miteinander kompatibel vernetzen zu können. Oft entscheidet sich die Frage nach dem Anbieter durch eine einzige schulinterne Fortbildung, in der offen für ein Produkt geworben wird. An den Grundschulen ist der Apple-Konzern aktuell auf dem Vormarsch, da er auf seinen iPads attraktive, bedienungsfreundliche Apps bietet, die sich schon im ersten Schuljahr gut in den individuellen Arbeitsplan jedes Kindes integrieren lassen. Doch egal, ob Apple, Google oder Microsoft die digitale Basis der Schule bilden, Bildung hat an dieser Stelle ihre Verantwortung abgegeben an die großen IT-Konzerne. Mit ausgeklügelten Methoden greifen diese Konzerne nach der Kontrolle des Bildungswesens, das ihnen nicht nur einen riesigen zusätzlichen Markt verspricht, sondern auch ein wahres Paradies an Daten, wonach ihr eigentliches Interesse strebt. Warum gibt es so wenige Open-Source-Möglichkeiten und warum werden die vorhandenen so spärlich als nicht-privatisierte Alternative genutzt? So gewänne Bildung wieder Einfluss über Lerninhalte und Datennutzung.

6.3 Implementierungsalltag

Auf welchen Wegen kommt die Digitalisierung in die Schulen? Zunächst einmal sind es die Schüler_innen und dann die Lehrer_innen selbst, die die Schulen seit geraumer Zeit mit dieser veränderten Situation konfrontieren. Es wurden „Abwehrschlachten" geschlagen und wie oft haben Lehrer_innenkonferenzen über Handyverbote diskutiert. Die Kultur- und Bildungsseiten der Zeitungen waren voll davon. Aber diese Diskussionen ebbten ab und die Unvermeidlichkeit dieses Prozesses wurde schleichend akzeptiert. Schnell sind aus denen, die am meisten über die Störungen im Unterricht geschimpft haben, die Anwender_innen von den Unterricht erleichternden Apps geworden. Der Digitalisierungspakt und die damit versprochenen Geldmittel leisten nun einen nicht unerheblichen Beitrag, die Implementierung der Bildungsdigitalisierung voranzutreiben. Die Instrumente hierfür sind Medienkompetenzrahmen und Kompetenzteams der Bezirksregierungen. Um an die Gelder zu kommen, müssen die Schulen Medienkonzepte entwickeln. Nachdem in diesen einmal der Vorrang der Pädagogik vor der Technik behauptet wird, entwickeln sie vorrangig technische Konzepte. Diese Arbeit lässt Lehrer_innen wenig Zeit, tatsächlich über pädagogische und didaktische Fragen nachzudenken. Außerdem lauern im Hintergrund die Unternehmen und IT-Berater_innen, die schon längst mehr als einen Fuß in den Türen der Schulen haben und deren Produkte und Dienstleistungen auf den großen Bildungsmessen dominieren. Der nächste Schritt zur konkreten Implementierung sind Fortbildungen, in denen – angesichts der technischen Komplexität durchaus verständlich – die Anwendungsorientierung im Vordergrund steht. Zu kurz kommen ein grundsätzliches Verstehen und die kritische Auseinandersetzung.

Die Medienkompetenzrahmen der einzelnen Bundesländer erwarten eine kontinuierliche Fortbildung der einzelnen Lehrer_innenkollegien und eine Überarbeitung des schulinternen Curriculums hinsichtlich der Nutzung neuer Medien. Bei Fortbildungen zu gutem Unterricht sind Mitarbeiter_innen des Medienkompetenzzentrums anwesend, um sicherzustellen, dass keine Lernaufgabe ohne digitale Geräte geplant wird. Unverhohlen wird bei diesen Veranstaltungen für bestimmte Geräte und Marken geworben, weil diese „die besten" seien. Zur Absicherung dieser Prozesse gibt es Hilfestellung durch „wissenschaftliche" Modelle, mit denen Lehrer_innen die Qualität ihres neuen digitalisierten Unterrichts analysieren können.

Modelle entwickeln starke, suggestive Bilder, die für die unterschiedlichen Lehrer_innentypen unterschiedliche Funktionen haben. Die Digitalisierungsbefürworter_innen können sagen: „Ja, genau!" und den Skeptiker_innen soll die Angst genommen werden. Modelle sollen anschaulich deutlich werden lassen, dass die digitalen Medien eine neue Bildungswirklichkeit erschließen können. Neben stark vereinfachenden Bildern tauchen ebenso starke Begriffe auf, die die wirklichen Fragen vergessen machen können. Eines der Beispiele ist das SAMR-Modell des US-amerikanischen Consulters Ruben Puentedura zur Integration von Lerntechnologie.[104] Es wird bei Schulfortbildungen gern gezeigt und auch im Zentrum für schulpraktische Lehrerausbildung (ZFSL) empfohlen. Es suggeriert, dass Unterricht durch vermehrten Einsatz technischer Geräte eine neue Tiefendimension erreichen kann.

Betrachtet man die Illustration der vier Stufen des Technologieeinsatzes, bekommt man ganz anschaulich den Eindruck,

---

104 Dargestellt auf der Seite des Medienzentrums Coesfeld: https://blog.medienzentrum-coe.de/samr/ (18.11.2019).

mit den neuen technischen Methoden eine neue Dimension von Unterricht realisieren zu können. Stand man bisher am Ufer und konnte ohne Technologieeinsatz nur auf die Wasseroberfläche blicken, gelingt es mit vermehrtem Einsatz von digitalen Geräten, in die Tiefe des Gewässers vorzustoßen und eine Umgestaltung zu erreichen. Der Mediendidaktiker Axel Krommer beschreibt diese Umgestaltung als eine Art Revolution: „...dieser Mehrwert besteht häufig gerade nicht (nur) darin, altbekannte Ziele schneller oder einfacher zu erreichen, sondern vielmehr darin, völlig neue Zieldimensionen erstmals zu eröffnen und das gesamte Koordinatensystem des Unterrichts buchstäblich verrückt zu machen."[105]

Allerdings wird bei näherer Betrachtung der Begrifflichkeiten und der Erklärungen deutlich, dass auch dieses Modell nicht hält, was es verspricht. Alle dargestellten Stufen bleiben an der methodischen Oberfläche der Präsentation und eine inhaltliche Tiefe von Lerninhalten wird nicht tangiert. Der Versuch von Adrian Wilke (Universität Paderborn), zur tiefsten Stufe, der „Neubelegung/Redefinition", die auf unserer Illustration nur mit dem U-Boot zu erreichen ist, vorzudringen und so eine neue Tiefendiemension von Bildung zu eröffnen, scheitert:

---

[105] Krommer, Mehrwert. Krommers „völlig neue Zieldimensionen" zeichnen sich dadurch aus, dass er in digitalen Texten eine neue Qualität erkennt, die ihn von einem multiplen Text sprechen lässt. „Gehen wir also davon aus, dass es sich bei digitalen Texten um multiple, multimodale, interaktive und diskursive Texte handelt ..." (Wampfler/Krommer, Lesen im digitalen Zeitalter, 77) Es ist interessant, dass hier einem digitalen Text Qualitäten zugschrieben werden, die mit Digitalität wenig zu tun haben. Digitale Technik ermöglicht lediglich, diese Qualitäten anders zu realisieren. Dass dies Eigenschaften von Texten überhaupt sind, wusste schon Roland Barthes (Roland Barthes, S/Z, 160). Ein Text, der auf vielfältige Art eine komplexe Verweisungsstruktur hat und die oben genannten Qualitäten aufweist, ist zum Beispiel die Bibel.

„Aufgaben, die ohne technologische Unterstützung nicht möglich wären, sind Teil der Ebene der Neubelegung (Redefinition). Anstelle vom Schreiben von Essays kann beispielsweise das digitale Storytelling gewählt werden. Dabei sind keine eintönigen PowerPoint Präsentationen gemeint, bei denen sich von Folie zu Folie gehangelt wird, sondern z.B. eine Kombination von Bildern und Videos, mit denen eine Geschichte der persönlich am spannendsten wahrgenommenen Eindrücke und Informationen erzählt wird. Auch Werkzeuge zur Visualisierung schwer verständlicher Inhalte können hier genutzt werden."[106]

Bei allem Respekt vor den Möglichkeiten digitaler Geräte: Hier wird nicht „das gesamte Koordinatensystem des Unterrichts verrückt gemacht", sondern es werden die Möglichkeiten des persönlichen Erzählens, der Präsentation von Fotos und Filmausschnitten mit anderen Möglichkeiten der Visualisierung kombiniert und so wird eine anschauliche Präsentation erstellt. Über eine Tiefendimension des Unterrichts sagt solch eine Aufgabe aber nichts aus.

Als Hilfe für Kolleg_innen mit wenig Technikerfahrung im Unterricht gedacht, lässt uns das SAMR-Modell eher irritiert und ratlos bei dem Versuch zurück, die Qualität unseres Unterrichts wirklich zu verbessern. Es gibt uns nicht mal Hilfestellungen, mehr Digitalisierung zu wagen, wenn wir dies denn wollten. Lediglich eine digitale Standortbestimmung kann es leisten, bei der wir sehen, ob wir schon mit einem oder gar zwei Beinen im Wasser des Digitalen stehen, oder aber, ob uns das Wasser bis zum Hals steht. Aber vielleicht ist das die wahre Intention des SAMR-Modells und derer, die es in Fortbildungen verwenden: Uns Lehrer_innen zu zeigen, dass wir uns jetzt schnell und unkri-

---

106 Wilke, Das SAMR Modell von Puentedura.

tisch auf den Weg hin zur Digitalisierung machen müssen, weil wir noch am Ufer stehen und nicht wissen, was sich unter Wasser so Wichtiges abspielt. Das SAMR-Modell und seine Nutzung zur Bewerbung des Einsatzes von technischen Geräten in Schulen ist nur ein Beispiel für einen unkritischen Umgang mit den völlig überzogenen pädagogischen Erwartungen und Zielen, die mit der Digitalisierung verbunden werden. Von ihrem wissenschaftlichen Anstrich sollten wir uns nicht blenden lassen.

6.4 Konsequenzen der Digitalisierung …

… für Kinder und Jugendliche

Wir Menschen lernen mit allen Sinnen. Am besten lernen wir, wenn wir uns wohl fühlen und wenn Augen, Ohren, Geschmack, Geruch, Tastsinn und Bewegung beteiligt sind. Wir brauchen die Gemeinschaft, um dort Bestätigung, Freundschaft, Solidarität, aber auch den Umgang mit Grenzen und Konflikten zu lernen. Wer in Schulen arbeitet, weiß, dass bei der Fülle der Kompetenzerwartungen und Lernziele die Beachtung vieler Erfahrungen, die das Lernen verschönern, intensivieren und menschenfreundlicher machen würden, ohnehin schon auf der Strecke bleibt. Doch statt die Verschulung der Inhalte zurückzufahren und die Gemeinschaft sowie die Bedürfnisse der Einzelnen in den Vordergrund zu stellen, statt das Lernen wieder mehr in die Hand der Kinder und Jugendlichen zu legen, bieten wir ihnen durch den verpflichtenden Einsatz digitaler Medien schon in der Grundschule eine Reduzierung auf eine zweidimensionale Welt.

Ganz davon abgesehen, dass namhafte Neurowissenschaftler_innen, Lernpsycholog_innen, Kinderärzt_innen und Pädagog_innen, die übrigens alle nicht zum Beraterstab des Bundeswissenschaftsministeriums zum Thema „Digitalisierung in Bildung und Wissenschaft"[107] gehören, vor einem zu frühen und unkontrollierten Umgang von jungen Menschen mit digitalen Medien warnen, werden Kinder heute viel zu oft schon ab dem Kindergartenalter in ihrer Freizeit vor dem Tablet, Handy, Computer oder Fernseher „geparkt". Die von Fachleuten empfohlenen Zeit- und Inhaltsgrenzen werden dabei weit überschritten und so stellt sich die Frage, warum ausgerechnet Schule für regelmäßige zusätzliche Medienzeiten verantwortlich sein will. Auch wenn Ziel der Bildungseinrichtungen sein soll, einen verantwortungsvollen Umgang mit Medien zu vermitteln, der einen Gegensatz zum freizeitlichen Spielverhalten bilden soll, bleibt die Tatsache, dass dieses Ziel durch einen regelmäßigen Einsatz digitaler Medien erreicht werden soll, statt durch mehrdimensionale, erfahrungsreichere Alternativen, ein Widerspruch in sich.

Auch die begeisterten Berichte, man könne mit den Tablets kreativ und idealerweise auch mit Partner_innen oder gar in Gruppen arbeiten, sollen gar nicht von der Hand gewiesen werden. Bei Kindern, die in einer natürlichen Welt Kreativität und das Zusammenleben und -spiel mit Menschen gelernt haben, die in der Realität verwurzelt sind, spricht nichts dagegen, Kreativ-, Denk-, Planungs-, Übungs- und Gestaltungsaufgaben an digitalen Medien auszuprobieren. Aber Kindern im Grundschulalter oder in der frühen Sekundarstufe I, die in einer digitalen, individualisierten Freizeitwelt groß geworden sind, müssten wir Pädagog_innen anderes zu bieten haben, als eine zusätzliche Ausweitung der digitalen Welt auf die Schule.

---

107 Vgl. Bundesministerium für Bildung und Forschung, Digitale Chancen nutzen.

... für den Unterricht

Der Anspruch, den ein digitaler Unterricht hat, ist oft nicht kompatibel mit der technischen Ausstattung der Schulen. Dadurch wird die Technik zum Zeitfresser, der die Begegnung zwischen Lehrer_in und Schüler_innen sowie mit dem Lerngegenstand unterbricht oder sogar verunmöglicht. Nicht selten führt die Anfälligkeit der technischen Geräte, der sich die meisten Lehrkräfte nicht gewachsen fühlen, zu Frustrationen. Die Lehrer_innen können bei der rasend schnellen Entwicklung in der Computerindustrie mit ihrer Technikkompetenz immer nur hechelnd hinterher laufen. Das Softwareprogramm der digitalen Ausstattung erneuert sich bei jedem Update und führt in vielen Fällen die eben noch up to date fortgebildeten Lehrkräfte ins Hintertreffen. Technisch versierte Kolleg_innen bekommen in vielen Lehrer_innenzimmern eine wichtige Rolle, ungeachtet ihrer pädagogischen oder anderen schulischen Fähigkeiten. Zuweilen manipulieren sogar pfiffige Schüler_innen mit ihren Smartphones die digitalen Tafeln, spielen unerwünschte Filmsequenzen ein oder lassen Tafelinhalte verschwinden. Schulen, die sich ganz auf eine digitale Visualisierungsausstattung verlassen, können bei einem technischen Zusammenbruch des Systems ohne Möglichkeiten dastehen.

... für Lerninhalte

Auch ein unkritisches Sich-Verlassen auf adressatengerechte digitale Lerntools kann zu Problemen führen: Nimmt man die Ergebnisse der Stavanger Erklärung aus dem Jahr 2019 ernst, die mehr als 130 Leseforscher aus ganz Europa zur Zukunft des Lesens im Zeitalter der Digitalisierung unterzeichnet haben, so gibt es einen Unterschied zwischen dem Lesen auf Papier und dem Bildschirmlesen.

Die Erklärung besagt, „dass das Verständnis langer Informationstexte beim Lesen auf Papier besser ist als beim Bildschirmlesen" und warnt, „dass der rasche und wahllose Ersatz von Druckwerken, Papier und Stift durch digitale Technologien im Primarbereich nicht folgenlos bleibt. Falls dieser Übergang nicht von sorgsam entwickelten digitalen Lerntools und Lerntechnologien begleitet ist, kann er zu einer Verzögerung in der Entwicklung des kindlichen Leseverständnisses und der Entwicklung kritischen Denkens führen."[108]

Vor dem Hintergrund dieser Einschätzung sollte Schule nicht überstürzt auf alle Digitalisierungsangebote eingehen, sondern – wie für jeden guten Unterricht – die Methoden und Materialien sorgsam auswählen und den pädagogischen Zielen unterordnen.

Diese Prämisse ist allerdings auch bei der Entscheidung für Unterrichtsinhalte nicht immer gegeben: Bei jeder Nutzung privater Plattformen unterwerfen sich Schulen deren Kontrolle. Lerninhalte sind nicht in der Hand von Lehrer_innen und Schüler_innen, sondern sie unterliegen dem Einfluss und der Macht der großen Konzerne. Ziel dieser Konzerne ist nicht die Bildung von kritisch denkenden und solidarisch handelnden Menschen, sondern die Schaffung von funktionierenden, konsumierenden Datenzulieferern.

Auf diese Weise läuft Schule Gefahr, den Bildungsanspruch an neoliberale Interessen zu verkaufen, einer Vereinheitlichung der Lerninhalte, einer Gleichschaltung und Konditionierung zum Konsumismus werden Tür und Tor geöffnet.

---

108 E-READ, Zur Zukunft des Lesens.

... für die Arbeitsbedingungen von Lehrer_innen

Mit der (fast ausschließlich privaten) Anschaffung digitaler Endgeräte zur Unterrichtsplanung und -unterstützung gestalten wir Lehrer_innen unseren Arbeitsplatz mehr oder weniger freiwillig bedarfsorientiert mobiler und flexibler denn je. Die Vermischung von Arbeits- und Freizeit wird unüberschaubarer und die Kosten für das alles tragen wir selbst. Der Einzug der Digitalisierung in die Arbeitswelt von Lehrer_innen bedeutet außerdem die Verwaltung des Lehrer_innennotstandes durch individualisierte Programme. Es braucht uns nicht mehr! Was Lehrer_innen können, schaffen Lernprogramme noch besser, effizienter, billiger. Die Rolle der Lehrer_in weicht der der Lernbegleiter_in und es wird so getan, als habe das keine Auswirkungen auf das „Endprodukt", die Schüler_in. Als wenn Maschinen die menschliche Gemeinschaft und eine natürliche Lernumgebung ersetzen könnten.

... für einen gerechten Zugang zu Bildung

„Bring your own device" ist die neue Methode, Klassenzimmer möglichst kostengünstig, das heißt durch die Finanzkraft der Eltern, digitalisieren zu lassen. An vielen weiterführenden Schulen oder Berufskollegs in Deutschland können Schüler_innen die iPad- oder Laptopklasse besuchen, wenn die Eltern die notwendigen Kosten von 400-500 € für ein iPad mit Zubehör aufbringen. Eltern, die das nicht bezahlen können, bleibt nichts anderes übrig, als ihr Kind in einer Parallelklasse ohne solch eine individuelle technische Ausstattung unterrichten zu lassen. Ob Nachteil oder Vorteil: Gerecht ist das nicht! Das oft beschworene Versprechen, Digitalisierung bedeute die Demokratisierung des Lernens, wird durch dieses Beispiel, aber auch durch die Tatsache ausgehebelt, dass das wirkliche Lernen schon vor dem Umgang mit Technologie stattfindet. Die Herkunft entscheidet – vielleicht sogar durch eine bewusste Entscheidung gegen die frühkindliche Digitalisierung – noch immer darüber, welche schulische Entwicklung ein junger Mensch nimmt. Und im Kampf gegen die Umwälzung solch ungerechter Verhältnisse bietet Digitalisierung keine Unterstützung, sondern verfestigt bestehende Herrschaftsverhältnisse.

7. Was ist zu tun?

„Also gut, fangen wir an. Aber lesen Sie nicht nur. Tun Sie etwas." (Jean-Luc Nancy)

7.1 Grundsätzliche didaktische Überlegungen

Herausforderung und Aufgabe für Lehrerinnen und Lehrer ist es, die Reduktion der Vernunft nicht mitzumachen, ohne den Computer zu verteufeln. Das ist nur möglich, wenn die Logik der Digitalisierung selbst Bestandteil von Bildungs- und Verstehensprozessen ist. Ein notwendiger Schritt hierfür ist sicherlich, sich in der Schule aus der Umklammerung der großen Konzerne zumindest so weit zu befreien, dass die durch sie vorgegebenen Entwicklungen nicht zur Norm werden. Mit diesem Schritt würden Schulen, Universitäten und andere Bildungseinrichtungen zumindest einmal an die schon vorhandenen Formen einer kritischen Auseinandersetzung und Nutzung anschließen. Open Source[109] wäre kein Feigenblatt mehr, sondern ein erster notwendiger, wenngleich auch nicht hinreichender Schritt, sich zu emanzipieren. Anknüpfungspunkte für eine Didaktik vorzuschlagen – mehr ist an dieser Stelle sicher nicht möglich – muss noch einen Schritt weiter gehen. Sie wird nicht so etwas sein wie eine Mathematikdidaktik oder eine Deutsch- und Fremdsprachendidaktik.

---

109 Vgl. Glossar.

Diese zielen auf Wissen und Fähigkeiten ab, die zunächst einmal bei Lernenden nicht vorhanden sind. Eine Didaktik, die Prozesse der Digitalisierung von Schule und Gesellschaft ernst nimmt, muss anders sein.

Sie kann sich auf keinen Fall der folgenden Argumentation einer unkritischen und unreflektierten Digitalisierung der Bildung bedienen, die schlicht sagt: Weil das alles so ist, wie es ist, und sich obendrein auch noch beschleunigen wird, müssen wir mit den Mitteln der Bildung in diesen Prozess einsteigen, damit er uns nicht davonläuft und unsere Schüler_innen nicht irgendwann hinterherlaufen. Es ist die Aufgabe von Bildung, hierfür Mittel – Kompetenzen – zur Verfügung zu stellen. Zum einen sollen Schüler_innen lernen, das, was in diesen Prozessen geschieht, zu bedienen. Zum anderen sollen sie lernen, sich in diesen Prozessen „korrekt", „richtig", „irgendwie ethisch" zu verhalten.

Damit entspricht diese Vorstellung von Bildung in der digitalisierten Welt einer Kompetenz- und Handlungsorientierung, deren höchstes Bildungsziel es ist, eine Situation zu bewältigen, ohne diese Situation selbst kritisch zu hinterfragen.[110] Auch wenn von Bildungsministerien und Medienkompetenzzentren immer wieder der Vorrang der Pädagogik behauptet wird, gelingt es nicht, dies tatsächlich zu füllen. Sich ökonomischen und gesellschaftlichen Prozessen zu unterwerfen, hat noch nie dazu geführt, gute Bildung zu machen.

Das grundsätzliche Problem besteht darin, dass diese Vorgehensweise keine wirkliche Vorstellung von Bildung, keinen kritischen Bildungsbegriff beinhaltet. Im Angesicht der Digitalisierung verschwindet die Frage nach der Bildung im Hintergrund.

---

110 Hierzu dienen dann die einschlägigen Medienkompetenzrahmen, so zum Beispiel der Medienkompetenzrahmen NRW.

Diese Frage aber muss zentral sein, um Ansätze einer Didaktik überhaupt entwickeln zu können.

Der Ansatzpunkt, der von uns vorgeschlagen wird, ist folgender: Bildung bedeutet im Kern die Fähigkeit, sich zu einem Ganzen in ein Verhältnis zu setzen. Sie bedeutet also die Befreiung aus der Gefangenschaft in einer Situation, durch die determiniert wird, was zu tun ist. Solch eine Bildung ist eine Absage daran, lediglich das zu erkennen und so zu handeln, wie es durch die Situation vorgegeben ist. In einer Situation nur mit den Mitteln der Situation auf die Situation reagieren zu können, ist die einer technologischen Rationalität entsprechende Falle, in die diese Form des pädagogischen Denkens tappt und notwendig tappen muss. Wir sehen an der Art und Weise, wie Digitalisierungsprozesse in Schulen vonstatten gehen, sehr gut das Zuschnappen dieser Falle: Weil es Schüler_innen Spaß macht, ihr Smartphone zu benutzen, und weil sie sich ja sicher in dieser Welt bewegen, ist es gut, richtig und sinnvoll, den Unterricht durch Apps attraktiver zu machen. Eine didaktische Begründung ist das nicht. Eine solche Begründung kommt einer Bankrotterklärung von Bildung gleich. Das bedeutet aber nicht, dass es nicht sinnvoll sein kann, Smartphones in den Unterricht einzubeziehen.

Wenn wir zunächst einmal zur Kenntnis nehmen, dass die Digitalisierung ein sehr schneller und sich weiter beschleunigender Prozess ist, dann können wir nicht einfach voraussetzen, dass sich Lehrer_innen und ihre Schüler_innen in den verteilten Rollen des Lehrens/Unterrichtens und Lernens wiederfinden. Sie befinden sich auf sehr unterschiedliche Weise in einem Prozess, in dem sie beide Lernende sind und sein müssen. Während viele Kolleg_innen eine Welt ohne Computer noch kennen, sind die ersten jüngeren Kolleg_innen „digital natives“, und unsere Schüler_innen können sich eine Welt ohne Computer und Smartphones kaum vorstellen. Allein an dieser Stelle müssen wir zur Kenntnis nehmen, dass wir alle Lernende in diesem Prozess sind. Aber wir sind es nicht in einer Weise – und dürfen es nicht sein – in der wir diesen Entwicklungsprozess nur absorbierend in uns aufnehmen und uns dadurch in das Subjekt verwandeln, das er erfordert: das neoliberale digitale Subjekt des globalen Kapitalismus. In diesem Kontext Lernende zu sein, bedeutet, wenn wir Bildung ernst nehmen, immer, sich zu diesem Prozess in ein Verhältnis zu setzen. Aber das führt nur in einem Dialog mit unseren Schüler_innen weiter und berücksichtigt genau dadurch die unterschiedlichen Ausgangspunkte. Der brasilianische Befreiungspädagoge Paulo Freire hat immer wieder davon gesprochen, wie notwendig es ist, dass Lehrer_innen zu „Lehrer-Schülern" werden. Dies beinhaltet zu akzeptieren, dass Schüler_innen im Gegenzug zu „Schüler-Lehrern" werden.[111] Selbstverständlich bedeutet es viel mehr und ganz anderes, als dass wir von unseren Schüler_innen lernen, wie und woher wir die neuesten Apps für unsere Smartphones bekommen.

Der erste Schritt hin zu einer Didaktik bestünde also darin, die didaktische Ausgangssituation zur Kenntnis zu nehmen und sie zu verstehen. Vor hier aus muss die Frage nach Lehren und Lernen entwickelt werden. Diese Ausgangssituation ist von uns beschrieben worden. Es ist nicht einfach nur „interessant" zu wissen, was es denn mit dem digitalen Kapitalismus auf sich hat, wie er funktioniert, wie sich dadurch das Leben verändert. Funktionieren in der Welt des digitalen Kapitalismus kann keine Ziel-

---

111 „Die raison d'être einer befreienden Bildungsarbeit liegt andererseits in ihrem Drang nach Versöhnung. Die Bildungsarbeit muß einsetzen bei der Lösung des Lehrer-Schüler-Widerspruchs, bei der Versöhnung der Pole des Widerspruchs, so daß beide gleichzeitig Lehrer und Schüler werden." (Freire, Pädagogik der Unterdrückten, 58).

vorstellung sein. Doch das bloße Zurechtkommen in ihr hat die Menschen noch nie freier und selbstbestimmter gemacht. Das aber – Autonomie und Emanzipation – gilt es in Bildungsprozesse hinein zu übersetzen. In diesem Sinne muss es eine Didaktik der Digitalisierung geben, die darauf folgend unterschiedliche methodische Schritte eröffnet. Diese Didaktik muss zuallererst eine des Wissens und Verstehens, keine des Zurechtkommens sein, keine, die Digitalisierung als naturgegeben voraussetzt. Dabei ist daran zu erinnern, dass dies ein selbstverständlicher Vorgang in Bildungsprozessen sein sollte und nicht erst mit der Digitalisierung einsetzt. Bildung bedeutet immer einen Zugang zu dem anscheinend so selbstverständlich Gegebenen zu eröffnen, der dann nochmal die Einsicht in diese Selbstverständlichkeiten ermöglicht. Anders ist die Fähigkeit zur Kritik gar nicht zu gewinnen. Hier ist der Ausgangspunkt, der Bildung grundsätzlich und nicht erst mit dem Auftreten der Digitalisierung ideologiekritisch macht.

Seit Jahrhunderten ist es beispielsweise selbstverständlich, dass Schule durch Texte grundgelegt wird. Dadurch hat sich die Frage, was denn ein Text ist, wie Texte funktionieren und welche Bedeutung sie für die Schule und darüber hinaus haben, nicht erledigt und muss immer wieder neu erschlossen und produktiv gemacht werden. Medien, mit denen und in denen wir uns bewegen, können aus einer Perspektive von Bildung auch nicht fraglos hingenommen werden.

Unsere bisherigen Überlegungen, vor allem in Kapitel 4 und Abschnitt 5.4, haben gezeigt, dass die Frage nach der Vernunft ganz zentral ist. Was können wir dafür tun, dass unser Denken nicht die eindimensionale Form des Algorithmus annimmt? Dabei ist dies keine moralische Frage. Die Logik der Einsen und der Nullen ist nicht gut oder schlecht. Sie ist dann schlecht, wenn sie zur allgemeingültigen wird. Dass diese Gefahr besteht, haben – neben vielen anderen – auch wir versucht deutlich zu machen. Dass damit Bildung im Kern zerstört wird, auch. Deshalb muss Bildung eine Form der Vernunft einüben, die nicht durch die binäre Logik, die Logik technisch-rationaler Prozesse und damit verbunden die Logik der Kapitalverwertung strukturiert wird. Das wird nicht dadurch gelingen, dass die Digitalisierung im Nachhinein eine Ergänzung, einen Ausgleich bekommt: Kunst, Musik, Kreativität, in der Hoffnung, so ein Gleichgewicht herzustellen. Vielmehr geht es tatsächlich darum, welche Vorstellung von Vernunft Bildung grundlegt. In den Schulen und Universitäten muss um diese Frage gestritten werden, zumal unkritische Digitalisierungsbefürworter hier wirklich eine andere Position vertreten. Aber diese Frage muss auf den Tisch (des Klassenraums, des Lehrer_innenzimmers, der Konferenzen und Fortbildungen). Ausgehend von der Beantwortung wird sich Lehren und Lernen in Zeiten der Digitalisierung anders entwickeln. Insofern sind diese Auseinandersetzungen notwendig und werden Spielräume eröffnen für weitere Entscheidungen, wie denn Unterricht gemacht werden kann. Um eine zentrale Einsicht werden Lehrer_innen nicht herumkommen. „Es geht also um die Bestimmung von Vernunft, sofern Vernunft die Fähigkeit bezeichnet, sich zum Ganzen in ein Verhältnis zu setzen; und insofern geht es auch darum, Bildung zu bestimmen."[112] Sicherlich, das ist ein hoher Anspruch, der sich einer vorschnellen Operationalisierung widersetzt. Aber wir glauben, dass er in vielen Unterrichtssituationen Handlungsspielräume erschließt, weil er mit einem so eröffneten Blick bis in den konkreten Alltag hinein ganz andere Möglichkeiten aufzeigt. Benutze ich eine App, um Aufgaben und ihre Lö-

---

112 Peukert, Zukunft von Bildung, 326f.

sungen zu ver- und entschlüsseln oder versuche ich mit meinen Schüler_innen herauszufinden, wie wir in ein Netz von Apps eingebunden sind, die unser Verhalten schulen und zugleich Daten extrahieren? Google ich Informationen im Internet oder vergleiche ich auch, wie mir und meinem Sitznachbarn schon bei den banalsten Anfragen unterschiedliche Daten zugewiesen werden? Lasse ich das Windows-Betriebssystem durch Microsoft verwalten oder lerne ich in der Schule, ein freies Betriebssystem meiner Wahl auf meinem Computer zu installieren? Allein an diesen drei einfachen Beispielen lässt sich erkennen, welche Bedeutung eine Bildung hat, die nicht die Funktionalität im großen Ganzen zur normativen Zielvorstellung erhebt. Diese Beispiele zeigen, dass die grundlegenden Fragen zu sehr unterschiedlichen didaktischen Entscheidungen führen.

7.2 Sand im Getriebe

Auch wenn die wichtigsten Fragen, die zu einer Didaktik führen, nicht „operationalisierbar" sind, sich somit einer „Anwendung" widersetzen, sollen hier zum Abschluss Interventionen vorgeschlagen werden, wie denn in Bildungszusammenhängen mit Digitalisierung umzugehen wäre und über welche konkreten Ansatzpunkte jeweils größere Zusammenhänge (das Ganze, die Gesellschaft, der globale Kapitalismus ...) verstanden werden könnten. Sie eröffnen auch Spielräume für ein besseres „Klarkommen" im digitalen Kapitalismus. Obwohl manches selbstverständlich erscheint, wissen wir, dass dies nicht so ist. Zunächst wird es darum gehen, an den folgenden Punkten zu intervenieren und auf den unterschiedlichen Ebenen zu streiten.

1. Auf dem Hintergrund all dessen, was wir im Moment wissen und wissen können, ist den „Big Five" mit einer grundsätzlichen Skepsis zu begegnen. Ihre Produkte, vor allem ihre Software, sind nicht immer eine Notwendigkeit oder der Weisheit letzter Schluss. Die Funktionsweisen und Zusammenhänge des globalen digitalen Kapitalismus zu verstehen, ist essentieller Bestandteil von Bildung.

2. Jede Schülerin und jeder Schüler sollte am Ende der Schulzeit verstanden haben, was ein Algorithmus ist. Dazu gehört auch zu verstehen, inwiefern der dahinterstehende Vernunftbegriff nicht unsere menschliche Vernunft abbildet, ja sie sogar einschränkt.

3. Selbstverständlich sollte in Schulen „Open Source" Vorrang haben, ergänzt durch die Verwendung von Wikis[113], offenen Lernplattformen etc., die nicht in der Hand der Big Five oder anderer Unternehmen sind.

4. Fortbildungen gehören nicht in die Hände von großen oder kleinen Unternehmen. Es gibt genug kritische Akteure, die als Ansprechpartner_innen zur Verfügung stehen: der ChaosComputerClub, Netzpolitik oder lokale politische Gruppen, die sich mit Fragen der Persönlichkeitsrechte, Datensicherheit und Überwachung beschäftigen. Auch Datenschutzbeauftragte oder Verbraucherschützer_innen von Bund, Ländern und Gemeinden sind den Akteuren mit unmittelbaren ökonomischen Interessen vorzuziehen.

5. Lesen und Texte werden auch in Zukunft Bildungsprozesse grundlegen. Dazu ist es unabdingbar notwendig, die unterschiedlichen Weisen des Lesens – am Bildschirm oder in einem Buch – zu durchschauen und praktisch zu erproben.

---

113 Vgl. Glossar.

6. Die fortschreitende Zerstörung unserer Lebensgrundlagen auf diesem Planeten und der digitale Kapitalismus stehen in einem ursächlichen Zusammenhang. Dies zu verstehen ist eine grundlegende Bildungsaufgabe.

7. Die digitale Welt ist keine zusätzliche Welt. Sie ist Teil einer gemeinsamen Welt, die veränderbar ist und deren Veränderungsprozesse nicht als naturgegeben hingenommen werden müssen. In diesem Sinne muss auch die virtuelle Welt als wirkliche Welt verstanden werden.

8. Weil das so ist, muss Ideologiekritik Bestandteil einer Auseinandersetzung mit der Digitalisierung sein. Es gilt, die Begriffe und Vorstellungen, die mit dem Computer, der Digitalisierung und der Künstlichen Intelligenz verbunden sind, zu entmystifizieren.

9. Computer sind Werkzeuge und müssen als solche begriffen werden.

10. Alle Maßnahmen und Veränderungen müssen der Autonomie und Emanzipation der Schüler_innen und ihrer Lehrer_innen dienen.

8. Anhang

8.1 Eine kleine Zeitreise

Der Computer hat viele Vorläufer: den Abakus als Zähl- und Rechenhilfsmittel, den Rechenschieber und seine Vormodelle und die ersten Rechenmaschinen. Charles Babbage und Ada Lovelace gelten als diejenigen, die mit der Analytical Engine 1839 das erste Modell eines programmierbaren Computers entwickelten. Der Begriff selbst kommt vom lateinischen Verb „computare" her, zusammenrechnen, und war zunächst eine Berufsbezeichnung.

1920 beginnt man von Robotern zu sprechen. Der Begriff gelangte durch den tschechischen Schriftsteller Joseph Ĉapek und sein Werk „Rossumovi Univerzální Roboti", in welchem automatische Puppen auftraten (vgl. tschech. Robota = Fronarbeit), in die Öffentlichkeit.

1936 entwirft Alan Turing die nach ihm benannte Turingmaschine – keine reale Maschine, sondern ein Gedankenmodell – als Grundmodell des Computers.

1937 baut Konrad Zuse das erste programmierbare Rechenwerk (Z1) mit binären Zahlen.

1941 wurde daraus dann der Z3, der erste Digitalrechner.

1943 konzipiert Norbert Wiener zusammen mit John von Neumann die „Kybernetik" als Basiswissenschaft für die Erforschung von Gehirnen und Computern und legt damit einen Grundstein für KI und die Möglichkeit von maschineller Mustererkennung.

1948 veröffentlicht Claude E. Shannon „A Mathematical Theory of Communication". Dieser Aufsatz gilt als grundlegend für die Informationstheorie und den auf der Basis der Entropie-Theorie entwickelten Informationsbegriff, der für das Computerzeitalter dominant wird.

1950 beginnt die Produktion von Seriencomputern.

1954 wird das erste Patent für Industrieroboter angemeldet.

1956 wird am Dartmouth-College auf einer Konferenz die KI als Disziplin der Informatik geboren.

1960 wird der IBM 1401, ein auf Transistoren aufbauender Rechner, gebaut.

1966 entwickelt Joseph Weizenbaum ELIZA, ein Programm der klientenzentrierten Psychotherapie nach Rogers.

1969 beginnt die Vernetzung von Großrechnern und damit der erste Schritt hin zum Internet.

1971 wird der erste seriengefertigte Mikroprozessor von Intel gebaut, Voraussetzung für die Produktion von PC.

1976, am 1. April, gibt es den ersten PC von Apple.

1989 legt Tim Berners-Lee am CERN in der Schweiz die Grundlagen für das World Wide Web. Zeitgleich mit dem Auseinanderbrechen der Sowjetunion und dem Mauerfall beginnt der Kapitalismus eine neue Phase der Globalisierung zu erreichen.

1990, noch vor dem WWW, gibt es die erste Suchmaschine mit dem Namen Archie.

1991 beginnt die Entwicklung von Linux durch Linus Torvalds als Ausgangspunkt für Betriebssysteme, die (relativ) unabhängig von den Big Five als frei zugängliche Alternativen zur Verfügung stehen.

1995 wird Microsoft Windows 95 eingeführt und wird zum dominierenden Betriebssystem auf PCs.

1996 schlägt Deep Blue Gari Kasparov in sechs Partien und 2016 gelingt es, Alpha Go von Deep Mind innerhalb sehr kurzer Zeit so zu trainieren, dass einer der weltbesten Go-Spieler geschlagen wird.

1997 kommt die Suchmaschine Google auf den Markt. Diese wird relativ schnell zum Marktführer.

2000 erklärt die EU, parallel zu diesen Entwicklungen, dass sie zum größten wissensbasierten Wirtschaftsraum der Welt werden will und erneuert dieses Ziel 2010.

2000 platzt die Dotcom Blase. Die falschen Versprechungen der New Economy führen zu Vermögensverlusten vieler Kleinanleger.

2001 wird Wikipedia als gemeinnütziges Projekt gegründet.

2004 gründet Mark Zuckerberg Facebook.

2005 wird Youtube gegründet.

2006 wird Twitter gegründet.

2006 macht das Europaparlament die unternehmerische Kompetenz zur Bürger_innenpflicht, zur Schlüsselkompetenz der europäischen Idealbürger_innen, die für jeden Gültigkeit beansprucht. In der BRD hatte schon im Jahr 2003 die Kompetenzorientierung die Bildungsinhalte abgelöst und damit das Verhalten bzw. die Verhaltensschulung ins Zentrum der Bildungsanstrengungen gerückt.

2006-2008 ist die Weltwirtschaftskrise.

2007 erfolgt die Einführung des iPhone – den Digitalunternehmen wird ein neuer Zugang zu Daten eröffnet – die Voraussetzung für eine neue Form des Datenkapitalismus entsteht.

2008 tritt DuckDuckGo in Erscheinung, ein Beispiel für eine Suchmaschine, die keine persönlichen Daten sammelt.

2008 setzt der EQR – der europäische Qualifikationsrahmen für lebenslanges Lernen – die Maßstäbe für europäische Bildung.

2010 erscheinen Instagram und das iPad auf dem Markt.

2010 Apple, Alphabet, Microsoft, Amazon und Facebook werden im Laufe der nächsten Jahre zu den fünf am besten bewerteten und mächtigsten Unternehmen der Welt.

2015 erblickt die wohl im Moment bekannteste Sprachassistentin mit dem Namen Alexa als Amazon Echo das Licht der Welt.

2017 wird das erste komplette Schulsystem (in Liberia) an einen Investor verkauft. Im selben Jahr lautet der Wahlslogan der FDP „Digitalisierung first – Bedenken second".

2018 werden die digitalen und die unternehmerischen Kompetenzen in der Empfehlung des Rates zu Schlüsselkompetenzen für lebenslanges Lernen zusammengeführt.

2019 wird der „DigitalPakt Schule" von der Bundesregierung beschlossen.

8.2 Glossar wichtiger Begriffe

Algorithmus Ein Algorithmus, so zumindest versucht es Joseph Weizenbaum in einer denkbar kurzen Form auf den Punkt zu bringen, ist ein „effektives Verfahren". Der Algorithmus ist ein zentraler Begriff der Mathematik und verbindet diese insofern mit der Welt der Computer, als daraus ein Programm entwickelt werden kann, das präzise in eine Maschine umsetzt, was das effektive Verfahren vorschreibt. Der Vergleich mit einem Kochrezept als einer Anweisung, was denn zu tun sei, um ein bestimmtes Ziel zu erreichen, ist naheliegend und um eine Vorstellung zu gewinnen sicher möglich. Allerdings unterscheidet sich der Algorithmus von manch einem Kochrezept durch seine Präzision und Eindeutigkeit. Eine „Prise Salz" kann in ihm nicht vorkommen. Der Algorithmus liefert bei gleicher Eingabe immer die gleiche Ausgabe. Algorithmen werden zur Lösung von – völlig unterschiedlichen – Problemen eingesetzt. Das Wort leitet sich ab von dem persischen Astronomen al-Hwarizmi aus dem 9. Jahrhundert und wurde durch die Latinisierung des Namens in „algorismus" umgewandelt. Laut Kultusministerkonferenz sollen algorithmische Problemlöseverfahren wesentlicher Bestandteil des zu Lernenden in Schulen werden. Auch auf diesem Weg durchdringen algorithmusähnliche Verfahren den Alltag.

Android Android ist zwar das weltweit führende Betriebssystem für Smartphones, bezeichnet aber zugleich eine spezifische Roboterkategorie: den Androiden. Charakteristisch für diesen Roboter ist seine Menschenähnlichkeit, die sich in seinem Äußeren, aber auch in seinen Verhaltensweisen zeigt. Anders als noch in dem Film „Blade Runner" wird der Versuch unternommen, ihm Emotionen zu geben bzw. entsprechend viele Motoren im Gesicht einzubauen, so dass ein Androide in Verbindung mit einem entsprechenden Programm lächeln kann. Der Begriff ist sehr alt, kommt aus dem Griechischen und leitet sich von gr. andros = Mann bzw. männlich ab. Deshalb werden weibliche Androiden auch Gynoide genannt, vom gr. gyne = Frau bzw. weibliches Wesen abgeleitet. Seit dem 18. Jahrhundert taucht der Begriff für menschenähnliche Maschinen auf und wird im 20. Jahrhundert durch Science-Fiction prominent. Lächelnde Politiker_innen und freundliche Androiden sind ein probates Marketinginstrument, um besorgten Menschen (auch Lehrer_innen) die Angst vor der Digitalisierung zu nehmen.

Arbeit 4.0 Arbeit 4.0, dieser Begriff ist auf das Engste verknüpft mit dem Begriff Industrie 4.0. Mit dieser Zählweise werden die verschiedenen Phasen der Industrialisierung bezeichnet. Die erste Phase beginnt mit der Dampfmaschine und dem Einsatz von Maschinen zur Produktion anstelle des Menschen. Die zweite Phase beginnt mit der Elektrifizierung arbeitsteiliger Massenproduktion und ist verknüpft mit dem Fließband. Mit dem zunehmenden Einsatz des Computers Ende der 1970er Jahre wird eine neue Phase eingeläutet. Roboter ziehen in die Maschinenhallen und Computer in die Büros ein und erledigen Aufgaben, die bislang dem Menschen vorbehalten waren. Für die Industrie 4.0 steht nun die weltweite Vernetzung all dieser Prozesse über das Internet im Vordergrund. Menschen, Produkte und Prozesse können sich auf eine qualitativ neue Weise untereinander abstimmen. So wird beispielsweise eine industrielle „Massenproduktion" mit der Losgröße 1 vorstellbar. Arbeit 4.0 entspricht diesen Veränderungsprozessen. Der Roboter wird zum Kollegen und dem Menschen werden neue Aufgaben zugewiesen. Die Flexibilisierung der Arbeitsabläufe ermöglicht und erfordert eine Flexibilisierung des Menschen in Bezug auf Zeit und Raum. Entscheidungsprozesse in spezifischen Situationen rücken in den Vordergrund. Nach den Vorstellungen derer, für die Bildung immer stärker auf Ausbildung reduziert werden kann, hat die Schule die Aufgabe, genau darauf vorzubereiten.

Arificial Intelligence / Künstliche Intelligenz – KI KI, d.h. Künstliche Intelligenz, ist ein weiter Begriff, der mit sehr unterschiedlichen Vorstellungen verbunden wird. Der Startschuss zur Erforschung Künstlicher Intelligenz fiel auf einer Konferenz in Dartmouth im Jahr 1956. Das Programm beinhaltete die Vorstellung, dass jegliche Form von Intelligenz so beschrieben werden kann, dass sie mit einer Maschine nachzubauen ist. Unterschieden wird zwischen starker und schwacher KI. Starke KI entspricht dem Anspruch der Konferenz und geht so weit, dass KI und natürliche bzw. menschliche Intelligenz miteinander verflochten werden, und schwache KI, mit der spezifische Aufgaben vor allem im Bereich der Mustererkennung gelöst werden sollen. Voraussetzung für die Erweiterung der KI sind Lern- oder besser Trainingsverfahren, die auf einer großen Datenmenge und immer stärker werdenden Rechnerleistungen aufbauen. Der potentielle Einsatzbereich Künstlicher Intelligenz ist äußerst vielfältig: vom Sprachassistenten über selbstfahrende Fahrzeuge bis hin zu Deutungen und Prognosen für die unterschiedlichsten Lebensbereiche. Auch für die Schule eröffnen sich ungeahnte Möglichkeiten. In China gibt es Schulen, in denen Klassen permanent überwacht werden und so das Lernverhalten der Schüler_innen kontinuierlich ausgewertet werden kann. Denn KI kann zwischen gelangweilten und eifrigen Schüler_innen schneller unterscheiden als die Lehrer_in.

Big Data Der Begriff „Big Data" meint zunächst einmal große Datenmengen. Damit verbunden ist jedoch die Vorstellung von einer neuen Ära in der Datenverarbeitung und Digitalisierung der Welt. Die Möglichkeit, immer größere Datenmengen zu verarbeiten, eröffnet den Einsatz des Computers in neuen und anderen Bereichen und ist verbunden mit dem Sammeln immer größerer Datenmengen. Daraus resultieren immer präzisere Voraussagen in den verschiedensten Bereichen. Die Daten sind zugleich eine Voraussetzung für die Weiterentwicklung künstlicher Intelligenz, deren „Lernen" oder besser deren Trainingsmöglichkeiten eine möglichst umfassende Datenmenge braucht, um in spezifischen Situationen etwas „erkennen" zu können bzw. „richtig" reagieren zu können. Um Voraussagen menschlichen Verhaltens machen zu können, sind die Daten aus schulischen Lern- und Bildungsprozessen eine phantastische Ergänzung.

Big Five Die Big Five sind die Unternehmen, die in den letzten Jahren immer wieder in der Rangliste der reichsten und mächtigsten Unternehmen ganz oben standen: Appel, Alphabet, Microsoft, Amazon und Facebook. Sie gehören nicht unbedingt zu den größten Unternehmen, was den Umsatz oder die Zahl der Mitarbeiter_innen betrifft. Was sie auszeichnet, ist, dass sie alle aus der Technologie kommen und dass es ihnen gelingt, Gewinne einzufahren. Durch ihre Geschäftsbereiche verfügen sie über eine enorme Menge an Daten und durch ihre Gewinne haben sie große Spielräume für die Erforschung und Entwicklung weiterer neuer Technologien, für die die Datenmengen das Basismaterial darstellen. Im Zentrum ihrer Forschung steht die Künstliche Intelligenz. Die Big Five zahlen zwar kaum Steuern in Deutschland, aber die Bildung liegt ihnen am Herzen. Vermittelt über Stiftungen entwickeln sie Pläne und Programme oder beraten die Bundesregierung und die KMK, um der Digitalisierung der Bildung die Wege zu bereiten.

Cloud   Die Cloud – man könnte genauer von Cloud-Computing oder Cloud-Computing-Diensten sprechen – bezeichnet die Möglichkeit, Rechner- und Speicherkapazitäten außerhalb des eigenen Computers oder des eigenen Netzwerkes zu bekommen. Damit verbunden ist zugleich die Möglichkeit, an unterschiedlichen Orten mit verschiedenen Geräten auf diese Daten zurückzugreifen bzw. sie anders als durch direkten Austausch mit anderen zu teilen. Für Unternehmen ist das insofern von Interesse, als sie dadurch die nur jeweils wirklich benötigten Rechnerleistungen einkaufen müssen. Für individuelle Nutzer eröffnet sich so eine größere Unabhängigkeit. Das Bild einer Wolke erweckt den Eindruck, dass da irgendetwas Nichtmaterielles, Unbestimmbares ist, auf das wir jederzeit von jedem Ort aus zugreifen. Dabei handelt es sich jedoch weiterhin um einen materiellen Ort, an den die Daten gebunden sind. Der Ort sind riesige Serverhallen und der Weg dorthin wird durch die Kabelinfrastruktur gebahnt. Eine Cloud ist somit alles andere als das, was das immaterielle Bild suggeriert.

Cyborg   Der Cyborg ist nicht das Kuscheltier des Computerzeitalters. Der Begriff bezeichnet ein Mischwesen zwischen Mensch und Technik. Dabei ist strittig, wie diese Mischung aussieht und ob sie nicht schon in dem Moment gegeben ist, in dem der Mensch sich mit Technik umgibt. In einem engeren Sinne wird ein Mensch dadurch zu einem Cyborg, dass er zunehmend Technik in seinen Körper integriert. Ob ein Herzschrittmacher schon ausreicht, um einen Menschen zum Cyborg zu machen, ist fraglich. Aber was gälte bei dem unter der Haut eingesetzten Chip, der Schüler_innen das Lernen erleichterte?

Deep learnig Deep learning ist ein Teilbereich des maschinellen Lernens einer künstlichen Intelligenz. Der Begriff ist noch nicht so alt und wird zunehmend erst seit den 2000er Jahren verwendet. Entscheidend dabei ist die Idee der Tiefe, das heißt einer Folge von Schichten eines Programms, in denen schrittweise Lernprozesse stattfinden. Sichtbar – und auch verstehbar – ist nur der Eingang und der Ausgang. Die dazwischenliegenden Schritte sind nicht notwendig nachvollziehbar. Aus der Perspektive der Programmierer_innen und Anwender_innen solcher Verfahren müssen sie das auch nicht sein. Gerade die Tiefe macht die Qualität aus und ermöglicht so eine Verarbeitung von Komplexität, die mit einer sehr großen Menge von Daten verbunden ist. Während die ersten Algorithmen einer KI Computer Probleme lösen ließen, die für den Menschen sehr schwierig, für den Computer aber prinzipiell sehr leicht waren, versuchen Deep-learning-Verfahren Probleme zu lösen, die für den Menschen einfach, für den Computer aber schwierig sind. Menschen erkennen Muster intuitiv (Ist das eine Hund oder eine Katze?). Innerhalb einer KI wird dafür ein sehr aufwendiges Verfahren entwickelt, das Daten sowohl in einer großen Zahl als auch in einer Vielzahl aufeinander folgender Schritte bzw. Schichten – in einer großen Tiefe – verarbeitet.

Filterblase Die Filterblase ist ein Phänomen, dass unter anderem durch die spezifischen Suchkriterien von Suchmaschinen entsteht. Suchmaschinen, hier vor allem Google, werten das Suchverhalten ihrer Nutzer_innen aus und orientieren die Antworten auf Suchanfragen daran. Das hat den Effekt, dass

Menschen im Internet eher in ihrer Bubble bleiben und eher auf Ähnliches, seltener auf Anderes stoßen. Der Begriff stammt von Eli Pariser und ist durch sein Buch „The Filter Bubble: What The Internet Is Hiding From You" prominent geworden. Seitdem wird die Bedeutung solcher Blasen vor allem in Bezug auf Verschwörungstheorien und politische Rechtsentwicklungen öffentlich diskutiert. Dieses Problem ist ein massives Problem für den Einsatz von Suchmaschinen, vor allem Google, in der Schule. DuckDuckGo als Gegenbeispiel, eine wenig verbreitete Suchmaschine, gibt an, keine personalisierten Antworten auf Suchanfragen zu geben.

Gamification Dieser Begriff leitet sich aus dem Englischen „game" (Spiel) ab und meint die Verwendung typischer Elemente des Spiels – vor allem des Computerspiels – zur Erreichung anderer Ziele. So kann zum Beispiel die Motivation zur Einübung eines erwünschten Verhaltens mit spielerischen Mitteln erleichtert werden. Fortschrittsanzeigen, Ranglisten, Aufgaben als motivierende Herausforderungen oder die Möglichkeit, eine bestimmte Belohnung (Punkte, die zu ergattern sind, oder das Erlangen eines spezifischen Gutes) vorausschauend vor Augen zu haben, sind mögliche Elemente der Gamification. Hinzu kommt zum Beispiel die Einbettung in eine Geschichte als ein zusätzliches Element der Motivation. Für manch einen Digitalisierungsapologeten ist der Einsatzbereich in Bildungskontexten selbstverständlich ein „Muss" oder ein Bereich ungeahnter Möglichkeiten.

Information Information ist ein, vielleicht sogar der Schlüsselbegriff des digitalen Zeitalters. Information ist alles, was zwischen einem Sender und einem Empfänger ausgetauscht wird.

Für diesen Weg kann es prinzipiell verschlüsselt und dann wieder entschlüsselt werden. Genau das passiert bei der Digitalisierung. Etwas wird in einen Zahlencode aus Nullen und Einsen übersetzt. Umgekehrt führt die Idee der Information im Zeitalter der Digitalisierung und die prinzipielle Übersetzbarkeit von allem in einen digitalen Code dazu, dass alles, was ausgetauscht wird, zu einer Information wird. Anders formuliert: Das, was nicht Information ist, wird zunehmend undenkbar. Zweifellos hat dieser Veränderungsprozess Folgen für Schule, Bildung, Lehren und Lernen. Das auf der Entropie-Theorie aufbauende Verständnis der Information bedarf einer eingehenden mathematischen und thermodynamischen Kommentierung.

Intelligenzbegriff   Vor allem die Auseinandersetzung mit der KI eröffnet erneut die Frage nach der Intelligenz. Was Intelligenz ist, ist zum einen auch für Bildungszusammenhänge erstaunlich ungeklärt. Die Beantwortung der Frage ergibt sich in der Regel nur daraus, dass Intelligenz etwas ist, das mit spezifischen Testverfahren erschlossen werden kann. Das ist schon in der Schule nicht sonderlich hilfreich, weil damit das Lernen und die Lernmöglichkeiten von Schüler_innen nur sehr unpräzise bestimmt werden können. Oftmals sind Lehrer_innen erstaunt über das Lernen ihrer Schüler_innen, das weder Intelligenztests noch die eigene Einschätzung hätten voraussagen können. Im Zusammenhang mit dem Computer wird der Begriff vollends problematisch, insofern spezifisch definiert werden muss, was Intelligenz in dem Begriff der KI für eine Bedeutung hat. Wird der aus dem Lateinischen kommende Begriff auf den Computer und die KI übertragen, so wird schnell deutlich, dass die vielen Möglichkeiten der Übersetzung jeweils nur schwer in einen digitalen Zusammenhang übertragbar sind: wahrnehmen, merken, erkennen, empfinden, einsehen, verstehen, begreifen, vorstellen, sich etwas denken …

Intranet/Internet   Auch wenn die beiden Begriffe sehr klar zu sein scheinen, hier nochmal ein kurzer Hinweis: Internet ist der allgemeine Begriff für ein Austauschsystem von Rechnern. Das Intranet ist eine Austauschform innerhalb einer begrenzten Organisation. Und das WorldWideWeb ist die Form des weltumspannenden Internets, wie wir sie seit den 1990er Jahren kennen.

Internet der Dinge   Das Internet der Dinge verbindet menschliche Akteure im Internet mit Dingen, also Gegenständen, die Informationen über eine Vernetzung zur Verfügung stellen und gegebenenfalls dadurch auch Steuerungsprozesse initiieren und untereinander abgleichen. Die Verbindung mit dem Internet ist permanent und die damit verbundenen Services können automatisiert oder auch „autonom" im übertragenen Sinn des Wortes sein. Ziel solcher Verfahren kann es sein, unerwünschte Zustände zu vermeiden. So ist beispielsweise ein Drucker vorstellbar, der zum richtigen Zeitpunkt eine Bestellung für neuen Druckertoner herausgibt, weil er „weiß", welche Tonermenge er durchschnittlich verarbeitet.

Maschinenlernen   Maschinenlernen (oder auch maschinelles Lernen) kann als ein Oberbegriff für die unterschiedlichen Formen des Lernens eines Computers bzw. einer künstlichen Intelligenz verstanden werden. Dabei kann in zwei Varianten unterschieden werden. Zum einen können in einem Programm verschiedene Regeln und eindeutige Beispiele definiert werden (dies entspräche einem sogenannten symbolischen Ansatz). Dabei sind dann die Problemlösungsschritte nachvollziehbar. Sogenannte nicht-symbolische Ansätze finden sich dort, wo eine KI mit Hilfe einer Vielzahl von Daten gefüttert und trainiert wird. Hier sind die Wege nicht notwendig nachvollziehbar, doch die Ergebnisse können überprüft werden. Das unterscheidet die Trainingsverfahren des „deep learning" von der Mathematikarbeit, in der es Punktabzug gibt, wenn das Ergebnis stimmt, der Rechenweg aber nicht nachvollziehbar ist.

Mustererkennung Die Mustererkennung ist eine zentrale Aufgabe der KI. Muster finden wir überall und sie ermöglichen auch Menschen, etwas zu erkennen, indem wir unterscheiden. So können zum Beispiel verschiedene Früchte oder Tiere unterschieden werden. Aber auch die Stimmung eines Menschen wird an etwas, das man Muster nennen kann, erkannt. Auf diese Mustererkennung hin lassen sich Computer durch viele Testdurchläufe trainieren. Das Material für die Tests gewinnen die großen Konzerne, die in diesem Bereich forschen, durch das Sammeln und Speichern der Daten ihrer Nutzer_innen. Der Computer wird mit den Daten gefüttert, die gebraucht werden, um ein bestimmtes Muster zu erkennen. Damit können zum Beispiel Krankheitsbilder bei Laboruntersuchungen schneller erkannt werden, als dies erfahrene Ärzt_innen können. Facebook hat die Mustererkennung eingesetzt, um die emotionale Stimmung von Teenagern herauszubekommen und ihnen in dem Moment, in dem sie am anfälligsten bzw. offensten waren, eine entsprechende Werbung zukommen zu lassen. Auch so etwas kann ein Algorithmus.

Neuronale Netze Künstliche neuronale Netze stellen den Versuch dar, die neuronalen Netze des menschlichen Gehirns nachzubilden, um Künstliche Intelligenz lernfähig zu machen.

Durch ein künstliches neuronales Netz wird dem Computer ein Weg eröffnet, durch Testverfahren seine Fähigkeiten der Mustererkennung zu verbessern. Ein neuronales Netz besteht aus einer Vielzahl von Schaltstellen, die neben- und in verschiedenen Ebenen hintereinander liegen. Die Schaltstellen sind mit unterschiedlichen Werten versehen, so dass ein Testverfahren auf unterschiedlichen Wegen ein neuronales Netz durchlaufen kann. Genauigkeit und Lernfähigkeit resultieren aus der unüberschaubaren Größe dieses Netzes und der Geschwindigkeit, mit der immer wieder neu getestet wird. Was innerhalb des Netzes geschieht und wie sich das Netz verändert, ist für einen Außenstehenden nicht nachvollziehbar. Nachvollziehbar und überprüfbar sind lediglich die Ergebnisse einer Mustererkennung.

Open Source   Open Source – die offene Quelle – bezeichnet eine Software, die prinzipiell geöffnet ist, deren Quelltext also zu lesen ist. Darüber hinaus kann dieser auch verändert werden und steht für eine beliebig häufige Kopie und offene Nutzung frei zur Verfügung. Diese Software ist meistens auch kostenlos. Ursprünge von Open Source sind die Hacker-Bewegung und die Freie-Software-Bewegung. Neben einer freien Software sind mit diesem Begriff auch freie Quellen des Wissens gemeint. Bekannt sind Projekte wie Wikipedia oder OpenStreetMap, die den Creative Commons Lizenzen unterliegen. Eine Parallele gibt es auch für den Bildungsbereich mit OER (Open Educational Ressources).

Plattformkapitalismus   GAFA und BAT sind Abkürzungen, die in der letzten Zeit immer häufiger zu finden sind. Sie stehen für große Internetunternehmen, deren Hauptgeschäftstätigkeit auf sogenannten Plattformen stattfindet. GAFA steht für Google, Apple, Facebook, Amazon. Dem entspricht in China BAT – Baidu, Alibaba und Tencent. Sie stellen sogenannte Plattformen zur Verfügung, die Verbindungen zwischen den Nutzer_innen herstellen. Diese reichen vom individuellen Austausch bis hin zu Geschäftsbeziehungen. Auf der Plattform agieren dann Anbieter_innen und Nutzer_innen einer Dienstleistung. Der Plattformbetreiber verdient an jedem zustande gekommenen Dienstleistungs- oder Warenaustausch ohne Geschäftsrisiko und die Anbieter_innen sind zu dem geworden, was die EU als Erziehungsziel ausgegeben hat: zur digitalen Selbstunternehmer_in. Selbstverständlich gibt es mittlerweile auch Schulplattformen oder Nachhilfeplattformen, an denen die Betreiber durch Mitgliedschaft oder Vermittlung verdienen.

Quantified Self Darunter wird eine Bewegung verstanden, durch die der Versuch unternommen wird, über ein Netzwerk aus Hard- und Softwarelösungen Daten zur Verbesserung und Optimierung der Gesundheit, Befindlichkeit und sportlichen Verfassung zu generieren. Teil dieser Bewegung sind sowohl Nutzer_innen als auch Anbieter_innen. Quantifiedself.com ist die Internetseite dieser Bewegung, die im Jahr 2007 eröffnet wurde. Die Geräte, oftmals mit einem „smart" im Namen, enthalten Sensoren, die Messdaten ermitteln. Diese Geräte werden mit Auswertungsangeboten an die Benutzer_in kombiniert, sei es zum Gesundheitszustand, zu Krankheitsrisiken, zu Interessantem in der persönlichen Umgebung oder allgemein zur Optimierung eigener Verhaltensweisen. Das Sammeln der Daten, das durch die Nutzer_innen erfolgt, nennt man selftracking. Verfahren, die daraus hervorgegangen sind, finden sich heute in den Angeboten jeder beliebigen Krankenkasse wieder. Die

Aufforderung, dieser Datensammlung nachzukommen, gibt es mittlerweile auch in Bildungszusammenhängen.

Roboter   Der Begriff Roboter kommt aus dem Tschechischen und wird zum ersten Mal 1920 von dem tschechischen Schriftsteller Joseph Ĉapek in dem Titel seines Werkes „Rossumovi Univerzální Roboti" , in welchem automatische Puppen auftreten (vgl tschech. robota = Fronarbeit) verwendet. Der Ursprung des Wortes findet sich im Mittelhochdeutschen und bezeichnet dort den Fronarbeiter bzw. die Fronarbeit. Im 20. Jahrhundert war mit der Vorstellung von einem Roboter, wie sie zum Beispiel durch Science-Fiction transportiert wurde, zunächst ein menschenähnliches Gerät verbunden. Mittlerweile gibt es Industrieroboter in völlig unterschiedlichen Ausführungen. Ihnen ist zu eigen, dass sie, in der Regel gesteuert durch ein Computerprogramm, über verschiedene Bewegungsachsen verfügen und mit entsprechenden Greifarmen bzw. Werkzeugen völlig unterschiedliche Handhabungen oder Fertigungen durchführen können. Die Fähigkeit, einen Roboter programmieren zu können, scheint schon für die schulische Bildung essentiell zu sein. So werden für die Grundschulen finanzielle Mittel zur Verfügung gestellt, um simple programmierbare Roboter für den Schulunterricht zu erwerben.

Suchmaschine   Die Suchmaschine ist ein Programm zum Auffinden von Dateien, Daten und Informationen. Während die Suchmaschine, die den eigenen Computer durchsucht, sowohl hilfreich als auch nachvollziehbar ist, werden entsprechende Maschinen in größeren Zusammenhängen wie dem World Wide Web zu vertrackten Dingern: Je größer der durchsuchte Zusammenhang ist, umso problematischer wird die Form der

Darstellung bzw. werden die Kriterien für die Reihenfolge der Darstellung. Das, was objektiv erscheint, wird einem der Nutzer_in unbekannten Algorithmus unterworfen. Damit ist die vermeintliche Objektivität einer Suchanfrage im Internet hin. Darüber hinaus sind Suchmaschinen so programmiert, dass sie Gewohnheiten und Interessen über die Köpfe der Nutzer_innen hinweg – gewissermaßen ohne deren Wissen – in die Auswahl einfließen lassen oder die Nutzer_innen mit Informationen versorgen, die gar nicht gefragt sind (personenbezogene Werbung). Für schulische Zusammenhänge sollte nicht unerheblich sein, dass zumindest bei dem Marktführer unter den Suchmaschinen verschiedene Schüler_innen unterschiedliche Antworten auf ihr Suchanfragen bekommen.

Social Bot   Der Begriff „bot" leitet sich ab von Roboter. Ein Social Bot ist ein Computerprogramm, das automatisiert in sozialen Netzwerken mit Nutzer_innen interagiert. Für einen menschlichen Nutzer ist ein Social Bot nicht erkennbar. Das Programm eröffnet die Möglichkeit, auf Tweets oder Äußerungen auf Facebook zu reagieren und so bestimmten Meinungen und Positionen zum Beispiel durch häufiges Teilen eines Beitrags ein größeres Gewicht zu geben. Bekannt geworden sind Social Bots vor allem durch den US-Wahlkampf 2016, bei dem eine Meinungsmanipulation zugunsten von Trump vermutet wird.

Wiki   Ein Wiki ist eine Webseite zum gemeinschaftlichen Sammeln, Erstellen und Austauschen von Wissen. Üblich und bekannt ist dies für das Internet. Solch eine Seite kann aber auch in einem Intranet bereitgestellt werden. Entscheidend ist dabei, dass es offene und freie Möglichkeiten gibt, an der Erstellung, Ausarbeitung, Veränderung und Verbesserung mitzuarbeiten und darüber hinaus, dass die sich dadurch verändernden Versionen für alle einsehbar und nachvollziehbar sind. Um die Hürde für eine Beteiligung relativ niedrig zu halten, ist die dafür bereitgestellte Software recht einfach und schnell handhabbar. Wikis stellen für Bildungszusammenhänge durchaus eine Möglichkeit für einen demokratischeren Wissensaustausch dar.

AK Religionslehrer_innen

Seit zwei Jahrzehnten haben wir im Arbeitskreis Religionslehrer_innen im Institut für Theologie und Politik aus unserer erlebten Schulpraxis heraus kritisch aus biblisch-befreiungstheologischer wie befreiungspädagogischer Perspektive reflektiert, welche Rolle in einer mittlerweile neoliberalen Bildungslandschaft dem Religionsunterricht zugewiesen wird und welche Aufgabe er aus unserer Sicht hat. Unsere Visionen von einem neuen Menschen und einer neuen Erde haben wir dabei nicht aufgegeben.

Der vorliegende Text ist das Ergebnis eines kollektiven Denk-, Arbeits- und Schreibprozesses, an dem Kuno Füssel, Andreas Hellgermann, Claudia Huml, Barbara Imholz, Ricarda Koschick und Ulla Wigger beteiligt waren. Vielen Dank an all diejenigen, die im Arbeitskreis im ITP durch Mitdenken und Mitdiskutieren diesen Text begründet haben. Dass er in der vorliegenden Fassung erscheint, verdanken wir den Lektor_innen Andrea Hellgermann und Philipp Geitzhaus und dem Grafiker David Hellgermann.

Literatur

AK ReligionslehrerInnen im ITP (Hg.): Religionsunterricht unter freiem Himmel. Anstöße zur Kritik des neoliberalen Götzendienstes in der Schule, Münster 2018.

Arnsburg, René: Maschinen ohne Menschen? Industrie 4.0: Von Schein-Revolutionen und der Krise des Kapitalismus, Berlin 2017.

Barthes, Roland: S/Z, Frankfurt am Main 1976.

Broca, Sébastian: Saurer Regen aus der Cloud. Die Digitalwirtschaft gibt sich nachhaltig und umweltfreundlich – zu Unrecht, Le Monde diplomatique, März 2020.

Butollo, Florian/Nuss, Sabine (Hg.): Marx und die Roboter: Vernetzte Produktion, Künstliche Intelligenz und lebendige Arbeit, Berlin 2019.

çapulco redaktionskollektiv: Disrupt! Widerstand gegen den technologischen Angriff, Münster 2017.

Daum, Timo: Das Kapital sind wir. Zur Kritik der digitalen Ökonomie, Hamburg 2017.

Daum, Timo: Die künstliche Intelligenz des Kapitals, Hamburg 2019.

Daum, Timo: Das Auto im digitalen Kapitalismus. Wenn Algorithmen und Daten den Verkehr bestimmen, München 2019.

Deleuze, Gilles: Postskriptum über die Kontrollgesellschaften, L'autre journal, Nr. 1, Mai 1990.

Distelmeyer, Jan: Machtzeichen. Anordnungen des Computers, Berlin 2017.

Dretske, Fred: Knowledge and the Flow of Information, Cambridge MIT-Press 1981.

Eberl, Ulrich: Von Katzen und lernenden Maschinen, in: Bild der Wissenschaft Spezial 2019, S. 28-32.

Eberl, Ulrich: Smarte Maschinen. Wie künstliche Intelligenz unser Leben verändert, München 2016.

Feustel, Robert: Am Anfang war die Information. Digitalisierung als Religion, Berlin 2018.

Foucault, Michel: Die Geburt der Biopolitik. Geschichte der Gouvernementalität II, Frankfurt am Main 2006.

Freire, Paulo: Pädagogik der Autonomie. Notwendiges Wissen für die Bildungsarbeit, Münster, New York, München, Berlin 2008.

Freire, Paulo: Pädagogik der Unterdrückten. Bildung als Praxis der Freiheit, Reinbek bei Hamburg 1973.

Friedrich, Sebastian: Lexikon der Leistungsgesellschaft. Wie der Neoliberalismus unseren Alltag prägt, Münster 2016.

Füssel, Kuno: Was Bildung ist … die Wahrnehmungsfähigkeit für das Leiden des fremden Anderen zu stärken. Gegen die Blindheit des Marktes und die Sklaverei der Sachzwänge. Über Neoliberalismus, politische Theologie und berufliche Bildung, Imprimatur 1/2004, http://saardok.sulb.uni-saarland.de/jspview/archive/frei/9eacb2be-fc1e-4285-825a-5f3130c4e603/0/www.phil.uni-sb.de/projekte/imprimatur/2004/imp040107.html.

Gardner, Howard: Intelligenzen. Die Vielfalt des menschlichen Geistes, Stuttgart 2002.

Görz, Günther/Nebel, Bernhard: Künstliche Intelligenz, Frankfurt a. M. 2003.

Harvey, David: Kleine Geschichte des Neoliberalismus, Zürich 2007.

Hawking, Stephen: Wird uns künstliche Intelligenz überflügeln?, in: ders., Kurze Antworten auf große Fragen, Stuttgart 2018, S. 207-222.

Günther, Gotthard: Das Bewusstsein der Maschinen, Krefeld u. Baden-Baden 1963.

Hellgermann, Andreas: kompetent. flexibel. angepasst. Zur Kritik neoliberaler Bildung, Münster 2018.

Hillmayr, Delia/Reinhold, Frank/Ziernwald, Lisa/Reiss, Kristina/Zentrum für internationale Bildungsvergleichsstudien (ZIB)/Technische Universität München (TUM): Digitale Medien im mathematisch-naturwissenschaftlichen Unterricht der Sekundarstufe. Einsatzmöglichkeiten, Umsetzung und Wirksamkeit, Münster 2017.

Horkheimer, Max: Zur Kritik der instrumentellen Vernunft, Frankfurt am Main 1985.

Klieme, Eckard: Was sind Kompetenzen und wie lassen sie sich messen?, in: Pädagogik 6/04, S. 10-13.

Knoll, Alois/Christaller, Thomas: Robotik, Frankfurt am Main 2016.

Kreye; Andrian: Macht Euch die Maschinen untertan, München 2018.

Krommer, Axel: Welchen Mehrwert haben digitale Medien für das schulische Lernen? (2015), https://axelkrommer.com/2015/08/04/welchen-mehrwert-haben-digitale-medien-fuer-das-schulische-lernen/, entnommen 20.11.2019.

Kurzweil, Ray: Homo sapiens. Leben im 21. Jahrhundert, Köln 1999.

Lenzen, Manuela: Künstliche Intelligenz, München 2019.

Marx, Karl: Das Kapital. Kritik der politischen Ökonomie, Erster Band; MEW 23, Berlin 1972.

Marx, Karl: Das Kapital. Kritik der politischen Ökonomie, Dritter Band; MEW 25, Berlin [15]2003.

Marx, Karl: Maschinenfragment, MEW 42, Berlin 1983, S. 590-609.

Mbembe, Achille: Kritik der schwarzen Vernunft, Berlin 2017.

Minsky, Marvin L.: Künstliche Intelligenz, in: Information, Computer und künstliche Intelligenz, mit einem Vorwort von K. Steinbuch, Frankfurt a.M. 1966, S. 191 – 208.

Müller, Klaus: Profit, Köln 2016.

Müller, Klaus: Boom und Krise, Köln 2017.

Morozov, Evgeny: „Dont believe the hype". Gespräch über neue Fragen und alte Antworten mit Barbara Fried und Patrick Stary, Luxemburg, Heft 23, 3/2015.

Nancy, Jean Luc: Corpus, Zürich-Berlin 2014.

Nancy, Jean Luc: Was tun?, Zürich-Berlin 2017.

Nassehi, Armin: Muster, Theorie der digitalen Gesellschaft, München 2019.

Penrose, Roger: Computerdenken. Die Debatte um Künstliche Intelligenz, Bewußtsein und die Gesetze der Physik, Heidelberg 1991.

Peukert, Helmut: Über die Zukunft von Bildung, in: ders.: Bildung in gesellschaftlicher Transformation, hrsg. von John, Ottmar und Mette, Norbert, Paderborn 2015.

Plehwe, Dieter/Walpen, Bernhard: Wissenschaftliche und wissenschaftspolitische Produktionsweisen im Neoliberalismus, in: PROKLA, Zeitschrift für kritische Sozialwissenschaft, Heft 115, 1999 Nr. 2, S. 203-235.

Roth, Gerhard: Bildung braucht Persönlichkeit. Wie lernen gelingt, Stuttgart 2011.

Scholz, Nina: Nerds, Geeks und Piraten. Digital Natives in Kultur und Politik, Berlin 2014.

Schreiner, Patrick: Unterwerfung als Freiheit. Leben im Neoliberalismus, Köln 2015.

Schreiner, Patrick: Warum Menschen sowas mitmachen: Achtzehn Sichtweisen auf das Leben im Neoliberalismus, Köln 2017.

Spitzer, Manfred: Digitale Demenz. Wie wir uns und unsere Kinder um den Verstand bringen, München 2014.

Staab, Philipp: Digitaler Kapitalismus. Markt und Herrschaft in der Ökonomie der Unknappheit, Berlin 2019.

Turing, Alan: Computing Machinery and Intelligence, Mind 49, 1950, 433-460; dt. Übersetzung: Kann eine Maschine denken?, in Kursbuch 8 (1967), S. 106-138.

Wampfler, Philippe/ Krommer, Axel: Lesen im digitalen Zeitalter, Seminar 3/2019, S. 73-81.

Weizenbaum, Joseph: Die Macht der Computer und die Ohnmacht der Vernunft, Frankfurt am Main 1978.

Wilke, Adrian: Das SAMR Modell von Puentedura, 2016, http://home-pages.uni-paderborn.de/wilke/blog/2016/01/06/SAMR-Puentedura-deutsch/, entnommen 15.11.2019.

Wolf, Maryanne: Schnelles Lesen, langsames Lesen. Warum wir das Bücherlesen nicht verlernen dürfen, München 2018.

Zierer, Klaus: Warum der Fokus auf das digitale Klassenzimmer Unfug ist, Spiegel Online, 27.12.2017, https://www.spiegel.de/lebenundlernen/schule/digitales-klassenzimmer-die-schueler-muessen-wieder-in-den-mittelpunkt-a-1181900.html, entnommen 04.08.2019.

Zuboff, Shoshana: Das Zeitalter des Überwachungskapitalismus, Frankfurt/New York 2018.

Zeitschriften und anderes

Bild der Wissenschaft: Künstliche Intelligenz (Spezial 2019).

ila, Zeitschrift der Informationsstelle Lateinamerika: Glossar, ila 426, Juli 2019.

P.M. Thema: Künstliche Intelligenz (Heft 1, 2019).

Rosa-Luxemburg-Stiftung (Hrsg.) Smarte Worte. Das kritische Lexikon der Digitalisierung, Berlin 2016.

Spektrum der Wissenschaft: Triumph der Künstlichen Intelligenz (Heft 1, 2018).

Wikipedia. Die freie Enzyklopädie, https://www.wikipedia.org.

Dokumente, Erklärungen, Empfehlungen …

Aktionsplan digitale Bildung: MITTEILUNG DER KOMMISSION AN DAS EUROPÄISCHE PARLAMENT, DEN RAT, DEN EUROPÄISCHEN WIRTSCHAFTS- UND SOZIALAUSSCHUSS UND DEN AUSSCHUSS DER REGIONEN; {SWD(2018) 12 final}.

Bildung in der digitalen Welt. Strategie der Kultusministerkonferenz, Beschluss der Kultusministerkonferenz vom 08.12.2016, https://www. kmk.org/fileadmin/Dateien/veroeffentlichungen_beschluesse/2018/ Strategie_Bildung_in_der_digitalen_Welt_idF._vom_07.12.2017.pdf entnommen 02.01.2020.

Bildung 2030 im Blick, Die bildungspolitische Position der Arbeitgeber, Bundesvereinigung der Deutschen Arbeitgeberverbände, März 2017.

BUNDESMINISTERIUM für Bildung und Forschung: Digitale Chancen nutzen. Die Zukunft gestalten, Berlin 2016, https://www.bildung for-schung.digital/files/BMBF_Digitale_Bildung_Zwischenbericht_A4_ webRZ.pdf, entnommen 11.11.2019.

Digitaler Bildungspakt c/o Microsoft Deutschland GmbH (Hg.); Die rich-tige Bildung für die digitale Welt. Politische Handlungsempfehlun-gen und Expertenstatements, München 2016 .

EMPFEHLUNG DES EUROPÄISCHEN PARLAMENTS UND DES RATES vom 18. Dezember 2006 zu Schlüsselkompetenzen für lebensbeglei-tendes Lernen (2006/962/EG), L 394/10-18.

EMPFEHLUNG DES RATES vom 22. Mai 2018 zu Schlüsselkompetenzen für lebenslanges Lernen (2018/C 189/01) .

E-READ, Zur Zukunft des Lesens (Stavanger-Erklärung von 130 For-schern. In der deutschen Übersetzung: FAZ 22.01.2019, https://www. faz.net/aktuell/feuilleton/buecher/themen/stavanger-erklaerung-von-e-read-zur-zukunft-des-lesens-16000793.html, entnommen 15.11.2019.

EUROPÄISCHER RAT 23. und 24. März 2000 LISSABON, SCHLUSSFOL-GERUNGEN DES VORSITZES http://www.europarl.europa.eu/sum-mits/lis1_de.htm, entnommen 14.02.2018.

Medienberatung NRW: Medienkompetenzrahmen NRW, Münster, Düsseldorf 2019.

Monitor Digitale Bildung: #3 Die Schulen im digitalen Zeitalter, Bertelsmann Stiftung, Gütersloh 2017.

Schlussfolgerungen des Rates vom 12. Mai 2009 zu einem strategischen Rahmen für die europäische Zusammenarbeit auf dem Gebiet der allgemeinen und beruflichen Bildung („ET 2020“).

Stiftung „Haus der kleinen Forscher“: Tür auf! Mein Einstieg in Bildung für nachhaltige Entwicklung, Berlin 2018.

Institut für Theologie und Politik

Das Institut für Theologie und Politik (ITP) ist unabhängig, aber parteilich. Befreiungstheologie ist unser Ansatzpunkt, um Gesellschaft zu begreifen, Herrschaftsverhältnisse in Frage zu stellen und solidarische Alternativen zu entwickeln. Seit 1993 ist der Träger des ITP ein als gemeinnützig und wissenschaftlich anerannter Förderverein.

Das ITP ist ein Multiplikator befreiungstheologischer Theorie und Praxis unter aktuellen globalen gesellschaftlichen Bedingungen und Schnittstelle zwischen Kirche und Sozialen Bewegungen.

Es geht darum, neue Machtverhältnisse zu schaffen und zwar von unten her. Ein Wandel der Verhältnisse geschieht aber nicht von allein, sondern braucht Reflexion, Organisation, Beratung und Begleitung.

Wir wollen uns gemeinsam mit allen auf den Weg zu einer anderen Kirche und Gesellschaft machen, die dem Reich Gottes näher kommt, als das, was heute als alternativlos gilt.

Das ITP wird getragen von einem gemeinnützigen Förderverein. Das bringt inhaltliche Unabhängigkeit, aber auch ökonomische Unsicherheit mit sich. Arbeit wird vor allem durch ehrenamtliches Engagement der Mitarbeiter_innen geleistet. Finanziert wird das ITP vor allen Dingen durch Spenden.

Weitere Informationen unter: www.itpol.de

Edition ITP-Kompass

Bücher zur Befreiungstheologie, zur Politischen Theologie und zur Pädagogik aus dem Institut für Theologie und Politik

Arbeitskreis ReligionslehrerInnen im Institut für Theologie und Politik (Hg.)
Religionsunterricht unter freien Himmel
Anstöße zur Kritik des neoliberalen Götzendienstes in der Schule

Seit dem Jahr 2000 hat der AK ReligionslehrerInnen den Durchmarsch der neoliberalen Bildungspolitik in Wort und Tat kritisch begleitet. Die Artikel reflektieren aus befreiungstheologischer und pädagogischer Sicht die Theorie des kompetenz-orientierten Unterrichts und setzen Alternativen dagegen.
Edition ITP-Kompass Bd. 23, Münster 2018, 120 Seiten

Andreas Hellgermann
kompetent. flexibel. angepasst.
Zur Kritik neoliberaler Bildung

Neoliberale Bildung ist allgegenwärtig geworden. Und sie hat eine Aufgabe: Den neoliberalen globalen Kapitalismus abzusichern und die Subjekte zu produzieren, die er braucht. kompetent. flexibel. angepasst. durchleuchtet diesen Zusammenhang und sucht mit Paulo Freire nach Möglichkeiten, sich dem nicht zu unterwerfen.
Edition ITP-Kompass Bd. 25, Münster 2018, 180 Seiten

Michael Ramminger
„Wir waren Kirche … inmitten der Armen"
Das Vermächtnis der Christen für den Sozialismus in Chile von 1971-1973

Michael Ramminger rekonstruiert die Geschichte der Christen für den Sozialismus in Chile bis zum Putsch gegen die sozialistische Regierung Salvador Allendes anhand von Interviews und Originaldokumenten und macht damit einen wichtigen Teil der Anfangsgeschichte dieses befreienden Christentums und der Befreiungstheologie zugänglich.
Edition ITP-Kompass, Bd. 29, Münster 2019, 476 Seiten.

Institut für Theologie und Politik (Hg.)
Hoffnung praktisch werden lassen
Befreiungstheologische Interventionen

Christliche Existenz bedeutet, Hoffnung praktisch werden zu lassen. Sie bedeutet, der Hoffnung auf den Gott der Lebenden und der Toten Konsequenzen folgen zu lassen. Sie weist auf die Möglichkeit der vermeintlichen Unmöglichkeit hin, auf die bereits geschehenen und die noch einlösbaren Unterbrechungen. Mit Beiträgen von Norbert Arntz, Kuno Füssel, Franz Hinkelammert, Barbara Imholz, Michael Ramminger, Jon Sobrino, Elsa Tamez u.a.
Edition ITP-Kompass, Bd. 30, Münster 2020, 342 S.

buecher@itpol.de – www.itpol.de
Institut für Theologie und Politik (ITP)